ullstein

Das Buch

Zwischen diesen Buchdeckeln erwartet dich geballtes Psychologie-Wissen fürs stille Örtchen. Guck in die Badezimmer der großen Psychologen von Sigmund Freud bis Kurt Lewin, lerne dein Ich, Es und Über-Ich kennen, und finde heraus, warum unsere Hirne ziemliche Geizhälse sind. Mit jeder Menge tollen Psycho-Tipps und Extras wie Psychologie-Bingo, Abschlusstest und Klugscheißer-Diplom!

Der Autor

Moritz Kirchner ist Diplom-Psychologe und promovierter Politikwissenschaftler. Er war sowohl deutscher Vizemeister im Debattieren (2015) als auch im Science Slam (2018). Beruflich und privat ist er leidenschaftlich gern Psychologe und tritt in dieser zweiten Folge der »Klo«-Reihe unter dem Pseudonym Konrad Clever auf.

Konrad Clever

Klo-Psychologe

In 100 Sitzungen zum Seelenklempner

Ullstein

Besuchen Sie uns im Internet:
www.ullstein.de

MIX
Papier
FSC® C083411

Originalausgabe im Ullstein Taschenbuch
1. Auflage Februar 2021

Umschlaggestaltung und Illustrationen: Robert M. Schöne
Satz: Pinkuin Satz und Datentechnik, Berlin
Gesetzt aus der Skolar Lantin
Druck und Bindearbeiten: CPI books GmbH, Leck
ISBN 978-3-548-06404-8

EINLEITUNG

IMMATRIKULATION

EIN BRIEF VON PROF. KONRAD CLEVER

Liebe (Klo-)Studentinnen, liebe (Klo-)Studenten, liebe Leserinnen und Leser, herzlich willkommen zu eurem ersten Tag im mittlerweile zweiten Semester an der Klo-Universität.

Wenn ihr euch umschaut, werdet ihr feststellen, dass sich dieser Seminarraum deutlich von den immer gleichen Seminarräumen unterscheidet, in denen ihr sonst lernt. Es gibt mehr Fliesen und deutlich weniger nervige Kommilitoninnen und Kommilitonen, aber dafür riecht es ein wenig stärker, gerade wenn länger nicht gespült wurde - oder ihr es mit dem Putzen nicht so ernst nehmt. Allen olfaktorischen Hindernissen zum Trotz freue ich mich, dass ihr beschlossen habt, eine faszinierende Wissenschaft mit einem hohen Gebrauchswert im Alltag zu studieren. Solltet ihr das erste Semester in Philosophie an der Klo-Universität verpasst haben, so ist dies zwar frevelhaft, aber kein Grund, euch dieses Semester nicht der Klo-Psychologie zuzuwenden.

Dies ist das grundlegende Ziel der Klo-Universität: Kompaktes Wissen, das sich am aktuellen Kenntnisstand orientiert. Eine humorvolle und verständliche Einführung in die Psychologie. Geistige Nahrung für alle, die sich für ihre Mitmenschen und die grundlegenden Theorien, Mechanismen und Persönlichkeiten der Psychologie interessieren. Das Buch ist für alle da, die sich nicht mit letzten Details aufhalten, aber intellektuell und humorvoll gut versorgen wollen. Daher ist es auch in verdauliche »Sitzungen« aufgeteilt, die bei gesunder Verdauung einem gründlichen Klogang entsprechen sollten.

Wusstet ihr, dass ihr im Verlauf eures Lebens (jedenfalls bei normaler Lebensdauer und Verdauung) mehr als ein Jahr, sieben Monate und fünfzehn Tage im Badezimmer verbringt? Volle 92 Tage davon sitzt ihr einfach nur auf dem Klo. Wäre es da nicht sinnvoll, diese zehn oder zwanzig Minuten pro Tag zum Studium zu nutzen? Dann wäre das Klo nämlich nicht nur ein Ort der Erleichterung, sondern auch der Erleuchtung, und Freuds Theorie der analen Phase könnte endlich produktiv erweitert werden. Man verließe den Klositz mit weniger Körpermasse, aber besser verschalteten Neuronen und Menschenkenntnis. Das klingt nach einem hervorragenden Deal! Auch könnte das möglicherweise gehortete Klopapier endlich aufgebraucht werden.

Ihr haltet das perfekte Buch für alle »Klugscheißerinnen und Klugscheißer« in den Händen. Hierbei gilt: Wer zu allem etwas sagen möchte, darf sich mit nichts zu lange aufhalten. In diesem Buch geht es darum, euch die wichtigsten Theorien und Denkerinnen und Denker mit an die Hand zu geben, um andere Menschen, aber auch euch selbst beschreiben, erklären und vorhersagen zu können. Denn das ist der Eigenanspruch der Psychologie. Vor lauter Modellen, Versuchsdesigns und Statistiken geht im Studium der akademischen Psychologie manchmal etwas ganz Wichtiges verloren: Der Mensch selbst. Hier in der Klo-Universität werden wir euch selbstverständlich nicht mit Statistik malträtieren. Vielmehr sollt ihr hier Wissen an die Hand bekommen, mit dem ihr nach eurem Klo-Diplom auch tatsächlich etwas anfangen könnt.

Selbstverständlich gilt das gesamte Semester über eine zentrale Einsicht der Pädagogischen Psychologie, nämlich dass positive Emotionen, überhaupt eine emotionale Relevanz des Lerninhaltes, den Lernerfolg steigern. Das Fehlen positiver Emotionen und emotionaler Relevanz erklärt übrigens den bei vielen überbordenden schulischen Erfolg in Mathe und Chemie …

Daher werden alle Themen auch entsprechend humorvoll und eingängig aufbereitet. Eine Ausnahme hiervon wird es allerdings geben. Das Thema Psychische Störungen ist ein absolut relevantes Thema der Klinischen Psychologie, und damit ein definitiver Erkenntnisgegenstand der Psychologie selbst. Nur: Psychische Störungen sind eine sehr ernste und leider immer noch unterschätzte Angelegenheit und mit Stigmata behaftet. Daher hat die Ethikkommission der Klo-Universität uns hier Witze verboten. Daran werden wir uns selbstverständlich halten!

Die Faszination und das ehrliche Interesse für Menschen ist die wichtigste Voraussetzung dafür, ein echter Klo-Psychologe bzw. eine echte Klo-Psychologin zu werden. Ebenso gilt für alle, die das Klo-Psychologie-Diplom erwerben wollen, der Wahlspruch des Orakels von Delphi: »Erkenne dich selbst«. In der Psychologie setzt Fremderkenntnis für gewöhnlich Selbsterkenntnis voraus. Daher werdet ihr in diesem Semester nicht nur viel über andere, sondern vor allem auch über euch erfahren. Dabei wünsche ich euch viel Freude und zahlreiche Erkenntnisse.

Dr. K. Clever

Euer Prof. Dr. Konrad Clever

WAS IST EIGENTLICH PSYCHOLOGIE?

SITZUNG 01

Die Psychologie entspringt genau wie guter Wein, die Demokratie und die Philosophie dem alten Griechenland. Im griechischen Wortsinne beschreibt die Psychologie die Wissenschaft oder Erkenntnis (logos) von der Seele (psyche).

Schon der gute alte Aristoteles machte sich Gedanken über das Sein des Menschen. Hippokrates, der Mann mit dem Eid, führte die unterschiedlichen Temperamente auf die verschiedenen Körpersäfte zurück. Diese Lehre könnte durch unsere Ernährungsobsession eine ungeahnte Renaissance erfahren (Temperament wie ein Bockbier, Temperament wie ein grüner Smoothie etc.). Heute gehen wir bei Temperamenten allerdings eher von einem individuellen Cocktail, bestehend aus Hormonen und Neurotransmittern, aus, wofür *uns* dann kommende Generationen sicher verlachen werden.

In der Psychologie geht es klassischerweise um drei Tätigkeiten, nämlich das Beschreiben, Erklären und Vorhersagen. Und zwar von Erleben, Verhalten und Bewusstsein.

Beschreiben ist etwas für Anfänger, denn nur weil etwas einen Namen hat oder beschrieben werden kann, ist es noch lange nicht erklärt. Erklären hingegen ist schon fortgeschritten, damit sind wir dem Menschenversteher deutlich näher. Der Makel ist jedoch, dass man hinterher ja bekanntlich immer schlauer ist. Die Vorhersage ist daher die Königsdisziplin. Denn wer heute schon weiß, wie sich Menschen morgen verhalten werden, beeindruckt nicht nur, sondern kann auch viel Geld verdienen. Deswegen sind solche Kompetenzen auch bei Google, Facebook und Co. gern gesehen. Für genau diese Vorhersagen hat die Psychologie einen Statistikapparat entwickelt, der viele vom Studium abschrecken sollte, die etwas mit Menschen machen wollen, für die Mathe allerdings der Endgegner ist.

Wilhelm Ebbinghaus, der frühe Gedächtnisforscher, hat den schönen Satz geprägt: Die Psychologie hat eine lange Vergangenheit, aber eine kurze Geschichte. Denn offiziell begann sie mit der Errichtung des ersten Psychologischen Instituts 1879 in Leipzig. Faktisch aber begann die Psychologie, als der erste Mensch sich für einen anderen interessierte.

Ganz individuell passiert das ab der 6. Lebenswoche, wenn das sogenannte soziale Lächeln bzw. soziale Wiederlächeln beginnt. Dann hat ein Baby gecheckt, dass der oder die andere da ist, und so den ersten kleinen Schritt in seiner Psychologiekarriere gemacht.

SITZUNG 02

MYTHEN ÜBER DIE PSYCHOLOGIE (UND IHRE DEKONSTRUKTION)

Über die Psychologie existieren einige Mythen, die es auf dem Weg zum Klo-Diplom sauber zu dekonstruieren gilt. Denn nur weil etwas plausibel klingt und immer wieder gesagt wird, ist es damit nicht gleich wahr (psychologisch erscheint es uns jedoch so aufgrund des sogenannten »mere-exposure-Effekts«). Wir wollen aber nicht in solche gedanklichen Fallen tappen und räumen daher erst einmal mit allen Mythen auf, welche die Psychologie so umgeben. Denn ein echter Klo-Psychologe arbeitet mit Fakten und Empirie, nicht mit Mythen!

Mythos 1: Psychologen haben doch alle selbst einen an der Klatsche.

Natürlich gibt es auch unter Psychologen einige, die nicht therapieren, sondern besser therapiert werden sollten. Damit geht es ihnen aber so, wie fast allen anderen Mitgliedern unserer oftmals postnormalen Gesellschaft. Denn jeder zweite Mensch hat im Laufe des Lebens einmal eine psychische Erkrankung. Tatsächlich haben Metaanalysen (also die Zusammenfassungen verschiedener Studien) gezeigt, dass die Wahrscheinlichkeit für psychische Erkrankungen bei Psychologen leicht erhöht ist. Allerdings folgt aus »leicht erhöht« nicht gleich »jeder«.

Mythos 2: Psychologen wollen sich doch nur selbst therapieren.

Sich selbst zu verstehen, ist in der Tat ein relevanter Antrieb in der Psychologie. Das Interesse an Menschen darf natürlich mich selbst einschließen. Die Selbsttherapie ist höchstens bei einer Minderheit ein relevanter Antrieb, der dazu noch meist unbewusst abläuft. Der Mehrzahl der angehenden Psychologinnen und Psychologen geht es allerdings schon um die anderen. Mit sich hatte man schließlich schon lange genug zu tun.

Mythos 3: Psychologen haben mich sofort durchschaut, wenn sie mich angucken.

Menschen denken tatsächlich, dass Psychologen einem direkt in den Kopf sehen können. Das wäre in der Tat schön und ist auch eine gängige Studienmotivation. Das Studium ist aber mehr eine Aneinanderreihung von Theorien, Studien und vor allem Statistiken. Auch als totaler Soziallegastheniker ist ein Doktortitel in der Psychologie möglich (vielleicht ist sogar die Wahrscheinlichkeit fürs Gelingen leicht erhöht!). Was Psychologinnen und Psychologen in der Tat für gewöhnlich können, ist gut zu beobachten, theoriebasiert Schlüsse zu ziehen und deshalb andere Menschen etwas schneller einzuordnen. »Schneller« heißt aber nicht »sofort«, stattdessen ist es eher so wie bei einem Detektiv:

Durch gutes Beobachten und Kombinieren kommt man der Sache auf die Schliche. Sherlock Holmes ist also auch ein richtiger Klo-Psychologe.

Mythos 4: Nur übelste Streber studieren Psychologie.
Tatsächlich braucht es ein überdurchschnittlich gutes Abitur. Aber es gibt ja auch den Weg des Sich-Einklagens und darauf spezialisierte Anwälte. Mit etwas Kohle muss es also kein Einser-Abi gewesen sein.

Mythos 5: Alle Psychologen haben zu Hause eine rote Couch stehen.
Das ist wirklich ein enormer Mythos. Die rote Couch geht auf Sigmund Freud zurück, er war Psychoanalytiker, und seine Theorien werden in der akademischen Psychologie mittlerweile gemobbt. Er hatte tatsächlich eine weltberühmte rote Couch. Aber das heißt nicht, dass alle eine haben. Nur ein Bruchteil der Psychologen sind übrigens auch tatsächlich Psychoanalytiker. Und selbst in der Analyse wird mittlerweile auf Stühlen, Couches und Sofas frei assoziiert. Je nach Geschmack (und Geldbeutel) der Patientinnen und Patienten.

WILHELM WUNDT, DER MANN, DER UNS DAS ALLES EINBROCKTE

SITZUNG
03

Leipzig ist nicht nur die Stadt der friedlichen Revolution, des Wave-Gotik-Treffens und der berühmten Buchmesse, sondern auch die Wiege der modernen, wissenschaftlich fundierten Psychologie. Denn hier hat Wilhelm Wundt 1879 das allererste Psychologische Institut weltweit eröffnet.

Er selbst studierte zunächst Medizin in Tübingen und

hörte ebenso philosophische wie naturwissenschaftliche Vorlesungen. Sogar Chemie, freiwillig! Dass Naturwissenschaften ihn so sehr fasziniert haben, wurde zu einem Lebensfreudekiller für Generationen von Studierenden der Psychologie.

Ihn hat interessiert, wie etwas in unsere Wahrnehmung und Aufmerksamkeit kommt. Für Wundt sind unsere seelischen Vorgänge immer unser aktuelles Bewusstsein, die unmittelbare und wirkliche Erfahrung. Genau hier hat er bis heute wegweisend aufgezeigt, wie unsere Wahrnehmung funktioniert, und er hat in seinem Institut auch die entsprechende Methodik entwickelt, um solche Phänomene zu messen. Daran haben sich Generationen von Psychologen orientiert. Wundt hat sowohl den Subjektbezug psychischen Erlebens (ich bin es tatsächlich) als auch die Zwecksetzung menschlichen Handelns und die Willenstätigkeit als Grundprinzipien der menschlichen Psyche herausgearbeitet.

Wundt wollte, ganz Kind seiner Zeit, neben dieser Seelenpsychologie auch eine Völkerpsychologie begründen und sah dies tatsächlich als seine wissenschaftliche Hauptleistung an. »Völkisch« war ja damals en vogue. Allerdings waren und sind Völkerpsychologien, angesichts einschlägiger Erfahrungen des 20. Jahrhunderts, heute zumindest wissenschaftlich nicht mehr so beliebt, und es kam eh nix Brauchbares dabei raus.

Wundt hat sich stets stark für allgemeine psychologische Zusammenhänge und Kausalitäten interessiert. Dabei aber scherte er Menschen zu sehr über einen Kamm, was ihm als faktischem Erfinder der Psychologie hätte bewusst sein sollen. War es aber nicht, wie sein Irrweg der Völkerpsychologie zeigte. Trotzdem: krasser Typ, dem die Psychologie letztlich ihre heutige Existenz zu verdanken hat.

SITZUNG 04

WUNDTS BADEZIMMER

① Bunsenbrenner: Er hatte bei Robert Wilhelm Bunsen Chemie gehört und war fasziniert.

② Stoppuhr: Diese wurde natürlich für seine Experimente intensiv benötigt, denn ihn interessierte die Chronometrie komplexer Reaktionsprozesse.

③ EEG-Maske: Er war der Erste, der sich systematisch für die Denkprozesse von Menschen interessierte.

④ Stowasser: Lateinisch-deutsches Wörterbuch, da er auch auf Lateinisch publizierte, der alte Snob.

⑤ Leipziger Uni-Riese: Nach Wundt ist in Leipzig eine Straße benannt.

⑥ Kreuz: Wundt war Pfarrerskind. Das waren schon immer die Schlimmsten!

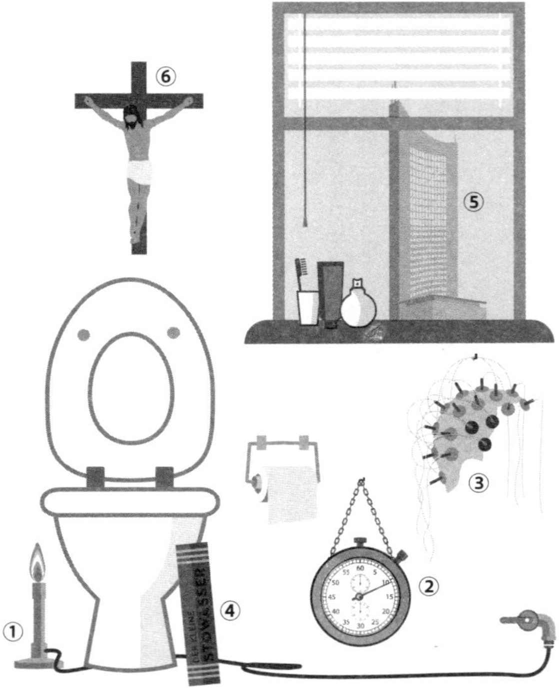

KAPITEL 1

TIEFENPSYCHOLOGIE

DIE PSYCHOANALYSE (#DEINEKINDHEIT, ALTA!)

SITZUNG 05

Die Psychoanalyse ist in der akademischen Psychologie ungefähr so beliebt wie Merkel bei der AfD. Der Professor des Klo-Psychologen für Klinische Psychologie hat immer schon Schnappatmung bekommen, sobald der Name Freud oder eines seiner zentralen Konzepte fiel.

Der besondere Reiz der Psychoanalyse liegt darin, dass Sie den Dingen besonders tief auf den Grund geht und eigentlich immer zum gleichen Ergebnis kommt: Die Eltern sind schuld. Sie haben einen nicht nur ungefragt in diese Matrix namens Leben entlassen, sondern einen dazu auch noch mit ordentlich psychischem Ballast ausgestattet. Da man also die Schuld für die eigene Unzufriedenheit auslagern kann, ist die Psychoanalyse auch nach wie vor für viele Menschen attraktiv. Das steigert nicht nur die Selbstzufriedenheit, sondern kann auch sehr entlastend sein, wenn man die Schuld für eigene Schwierigkeiten einfach mal direkt bei den Eltern parken darf.

Die Psychoanalyse basiert auf der von Sigmund Freud entwickelten Triebdynamik, die besagt, dass unsere psychischen Instanzen in einem ständigen Wettstreit miteinander stehen.

Das Über-Ich ist so etwas wie das kleine Engelchen auf der Schulter. Es beinhaltet Normen, Werte, die eigenen Grundsätze der Erziehung und moralische Vorstellungen. Kurz: Es ist langweilig, aber notwendig, damit unsere Gesellschaft nicht zusammenbricht.

Das Es ist hingegen das Teufelchen. Hier sind die Triebe, Instinkte und Bedürfnisse angesiedelt. Das Es ist seit der Geburt vorhanden und drängt gemäß der Psychoanalyse stets auf unmittelbare Erfüllung, wobei ihm die Konsequenzen scheißegal sind. Es ist in etwa wie ein dreijähriges Kind in der Trotzphase. Das Es sorgt dafür, dass immer wieder neues Leben entsteht, weil Es nach Freud nur das Eine im Kopf hat.

Das Ich als die bewusste Wahrnehmungsinstanz hat die bescheidene Aufgabe, zwischen diesen beiden zu vermitteln. Es fühlt sich so wie wir, wenn das Engelchen und Teufelchen auf der Schulter miteinander darüber streiten, ob es eine gute Idee ist, bei der Betriebsfeier die Kollegin oder den Kollegen anzugraben. Das Ich folgt dem Realitätsprinzip: Es schaut, was tatsächlich geht und was nicht. Damit macht es sich für gewöhnlich sowohl beim Es als auch beim Über-Ich sehr unbeliebt. Das Ich ist also der innerpsychische Mediator, der dann seinen Job gut gemacht hat, wenn wir uns trotz dieser widersprüchlichen Anforderungen überhaupt auf eine Handlung einigen können und alle Seiten nur ein bisschen unzufrieden sind. Das Ich hat echt einen harten Job und müsste eigentlich Schmerzensgeld kriegen, und Partyzuschläge, denn da macht es quasi Überstunden.

Aus diesem Instanzenmodell ergibt sich zweierlei, was die Psychoanalyse heutzutage ziemlich unsexy macht. Erstens, das Leben ist gemäß diesem Modell ein beständiger innerer Kampf zwischen den Instanzen, einfach mal innerlich Chillen ist nicht. Zweitens wird die Welt wesentlich von innen und aus sich selbst heraus betrachtet. Es geht um unsere eigenen Gefühle, Triebe und Ängste, aber letztlich überhaupt nicht um die anderen. Die Psychoanalyse ist also, vor lauter innerpsychischen Prozessen, etwas blind für die anderen. Und das ist ein Problem, theoretisch wie praktisch.

Man muss Freud aber zugutehalten, dass er die Bedeutung des Unbewussten und zum Beispiel der Träume sehr klar erkannt und für die Psychologie produktiv gemacht hat. Seine Traumdeutung hat zwar Schlagseite, was die Bedeutung von Phallussymbolen angeht, aber sie ergibt immer noch einiges an Erkenntnissen über das Unbewusste.

SIGMUND FREUD, DER ALTE LUSTMOLCH UND PAFF DADDY DER PSYCHOLOGIE

SITZUNG 06

Siggi Freud gilt wegen der besonderen Bedeutung der Sexualität in der Psychoanalyse als theoretischer Lustmolch. Denn in seiner Theorie der psychosexuellen Entwicklung geht er davon aus, dass wir als Erstes eine orale Phase durchlaufen, dann eine anale Phase, dann eine phallische Phase und letztlich eine genitale Phase. Die einzelnen Phasen klingen also schon ziemlich versaut. Es geht im Kern auch darum, was uns Lust und Befriedigung verschafft, aber das muss gar nicht immer sexueller Natur sein.

Phase	**Das mochte ich früher**	**Das mag ich heute, wenn ich hängen geblieben bin**
Oral	Muttermilch und so ziemlich alles, was sich ein kleines Baby in den Mund stecken kann.	Zigaretten, Lollis
Anal	Der Vorgang, der hier aus Gründen des sprachlichen Niveauerhalts als Defäkation bezeichnet werden soll.	Ordnung
Phallisch	Erkundungen des eigenen Körpers sowie eine Protosexualität mit Doktorspielchen, aber leider noch ohne Doktortitel.	Körperliche Dinge weiterhin ausprobieren
Genital	Sexualität (wenn die Phasen davor erfolgreich durchlaufen wurden).	Gesundes Sexualleben

SITZUNG 07

FREUD UND THE ORIGINAL MILF

Freud hat schon deutlich vor *American Pie* die Theorie der MILF entwickelt, und zwar in Form des Ödipuskomplexes. Dieser geht auf die alte Geschichte des Ödipus zurück, der unwissentlich seinen Vater ermordet und seine Mutter begattet, und geht davon aus, dass Jungen im Laufe ihrer Entwicklung anfangen, ihre eigene Mutter zu begehren (also eigentlich ILFMOM [I'd Like to Fuck My Own Mom]) und aus Eifersucht den Vater aus dem Weg schaffen wollen. Diese Theorie des Ödipuskomplexes ist außerhalb der Psychoanalyse höchst umstritten und zeigt zugleich paradigmatisch auf, wie sehr Sigmund Freud sich auf kulturelle Phänomene bezogen hat. Wenn ihr also das nächste Mal einen Apfelkuchen seht und versaute Assoziationen habt: Denkt an Siggi!

SITZUNG 08

FREUDS BADEZIMMER

① Zigarren: Freud liebte sie so sehr, dass er sicher auch im Bad geraucht hat.
② Totems: Freud liebte solche mystischen Figuren; er schrieb nicht umsonst »Totem und Tabu«.
③ Notizblock: Freud mochte die Methode des freien Assoziierens sehr.
④ US-Flagge: Freud war in den USA sehr populär, gerade nach seiner Reise dorthin.
⑤ Hugh Hefner: Sexualität spielte für Freud wohl eine ebenso große Rolle wie für den Playboy schlechthin.
⑥ Bild der Frau: Die meisten seiner Patientinnen waren Frauen (dennoch hat er eine sehr maskuline Theorie geschrieben).

SITZUNG
09

ANNA FREUD UND DIE ABWEHRMECHANISMEN

Anna Freud wurde 1895 als jüngstes Kind Sigmund Freuds während des Entstehens seines Werks »Studien über Hysterie« geboren. Anna war pragmatisch mit einem Hang zur Tagträumerei. Sie folgte dem vorgezeichneten bürgerlichen Leben der Frauen ihrer Zeit nicht und hatte am Ende ihrer 86 erfüllten Lebensjahre jedes Stück Papier ihres wissenschaftlichen Nachlasses akribisch geordnet und archiviert, fünf Pakete für jedes Schaffensjahr. Bereits als Kind verfolgte sie die Gespräche und Vorträge ihres Vaters fasziniert, las seine Werke und unterzog sich einer jahrelangen Psychoanalyse bei ihm. (Die Vorstellung jedoch, eine Psychoanalyse mit dem eigenen Vater zu machen, käme der heute unfassbaren Vorstellung nahe, seinem Erzeuger Handy, E-Mail-Verkehr und den Insta-Account zugänglich zu machen.)

Mit ihren bekanntesten Werken – »Einführung in die Technik der Kinderanalyse« (1927), »Einführung in die Psychoanalyse für Pädagogen« (1930) sowie ihrem Hauptwerk »Das Ich und seine Abwehrmechanismen« (1936) – schuf Anna Freud ein Grundlagenwerk der Ich-Psychologie, das heute zur Standardliteratur der Psychoanalyse zählt. Es beschreibt zehn aus der psychoanalytischen Literatur bekannte Abwehrmechanismen.

Und diese Abwehrmechanismen, die sich, anders als bei ihrem Vater, auch auf Kritik, Ablehnung oder Zurückweisung aus der Umwelt hin ergeben und nicht nur dann, wenn das Ich mal wieder nicht mit dem Es klarkommt, sind vor allem folgende:

Verdrängung: So tun, als gäbe es bestimmte Sachen nicht. Also zum Beispiel unangenehme Themen gar nicht mehr zulassen oder ihnen aus dem Weg gehen.

Regression: Sich bei Kritik und Widerständen wie ein trotziges dreijähriges Kind verhalten. Ein Corona-Leugner, der im Zug auf seine fehlende Maske angesprochen wird.

Reaktionsbildung: Einfach das Gegenteil vom Erwarteten machen, z. B. übertrieben freundlich sein, obwohl man eigentlich tief hasst.

Verleugnung: Aktiv so tun, als gebe es etwas nicht, und vehement widersprechen. Sich wie ein bockiges Kind hinstellen und felsenfest behaupten, dass man etwas nicht getan hat, obwohl das ganz offenkundig ist.

Projektion: In anderen etwas von sich sehen (oft macht man bei anderen Witze über das, was man bei sich nicht mag). Wenn ihr also mal wieder über die Unordnung, den Geiz etc. bei anderen meckert ...

Sublimierung: Sich in die Arbeit stürzen, statt sich mit sich selbst auseinanderzusetzen. Ein immer wiederkehrendes Beispiel hierfür sind Männer mit Liebeskummer.

PROJEKTIVE VERFAHREN

SITZUNG 10

Die Grundidee projektiver Testverfahren ist einfach und psychologisch höchst klug: Es geht darum, dass wir Bilder in einer bestimmten Art und Weise interpretieren und genau diese Projektion etwas über unser Unbewusstes aussagen kann. Deshalb sind projektive Verfahren auch das Testarsenal der Tiefenpsychologie.

Der Rorschachtest war das allererste projektive Verfahren. Es gab und gibt auch weitere legendäre projektive Verfahren wie »Familie in Tieren«. Dieser Test ist geeignet, um die kindliche Perspektive auf die eigenen Eltern und Geschwister zu klären. Wenn Papa als Faultier gesehen wird, Mama als Löwin und der Bruder als Lurch, dann kann man daraus einige psychologisch interessante Informationen ableiten. Das Problem ist jedoch, dass unterschiedliche Auswerter sich oft nicht auf die gleiche Deutung einigen können. Bei der Inter-Rater-Reliabilität, wie es dann im akademischen Psychologendeutsch heißt, hakt es dann. Das ist natürlich sowohl ein Problem für die Wissenschaftlichkeit des Verfahrens als auch für die Behandlung des Kindes. Einige Deutungen dürften für das arme Kind sicher verstörend und damit dem Therapieerfolg nicht zuträglich sein.

Tatsächlich gibt es jedoch ein projektives Verfahren, welches eine erstaunliche Karriere hingelegt hat, nämlich der thematische Auffassungstest. Er misst mittels Geschichten, die Menschen zu Bildern schreiben, wie stark deren unbewusste Grundmotive ausgeprägt sind. Das Kodierungssystem, das dafür entwickelt wurde, hat man z.B. auch auf die Antrittsreden von US-Präsidenten angewendet und die Eintrittswahrscheinlichkeit in Kriege und den grundlegenden Regierungsstil gut vorhersagen können. Dass es unter Reagan knallen würde, war absehbar, ebenso, dass Jimmy Carter ein eher gechilltes Gemüt hat. Ebenso konnte man bis zum Ende des 20. Jahrhunderts tatsächlich anhand des Leistungsgehaltes von Kinderbüchern das Wirtschaftswachstum zwei Jahrzehnte später vorhersagen. Dass also unseren Kindern von Bob dem Baumeister vorgelesen wurde, war und ist in unmittelbarem Interesse der IHK und der Frankfurter Börse.

Grundlegend gilt für alle projektiven Verfahren: Eigentlich sind sie erkenntnistiefer als Fragebögen, weil es ihnen nicht um das bewusste Selbstbild geht. Aber eine objektive und zuverlässige Auswertung unbewusster Inhalte ist schwierig. Das ist das Grunddilemma psychologischer Forschung zu unbewussten Motiven. Aber es ist schließlich auch das Unbewusste, was so schwierig zu fassen und so komplex ist.

DER RORSCHACHTEST: WENN AUS TINTENKLECKSEN WISSENSCHAFT WERDEN SOLL

SITZUNG 11

Auch die Psychologie hat, wie wir alle, in jungen Jahren einiges an Unsinn hervorgebracht. Dazu gehört sicher der Rorschachtest, bei dem aus der Deutung von Tintenklecksen auf Persönlichkeitseigenschaften geschlossen wurde und leider teilweise immer noch wird. Vom Psychoanalytiker Hermann Rorschach entwickelt, geht es darum, mittels der Lokalisierung, der Inhalte, der Häufigkeit und der besonderen Phänomene der Deutung etwas über die jeweiligen Probanden herauszufinden.

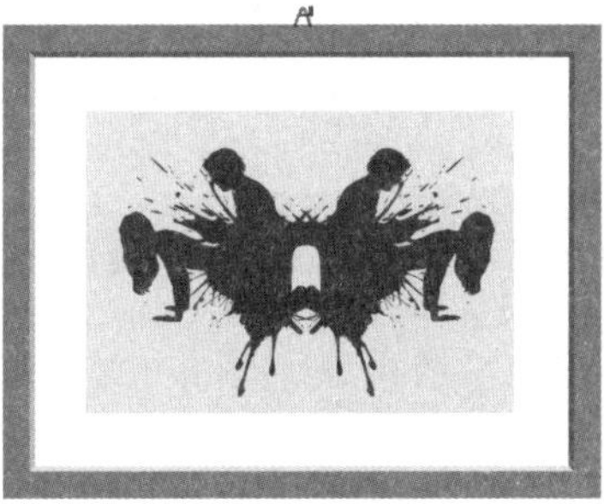

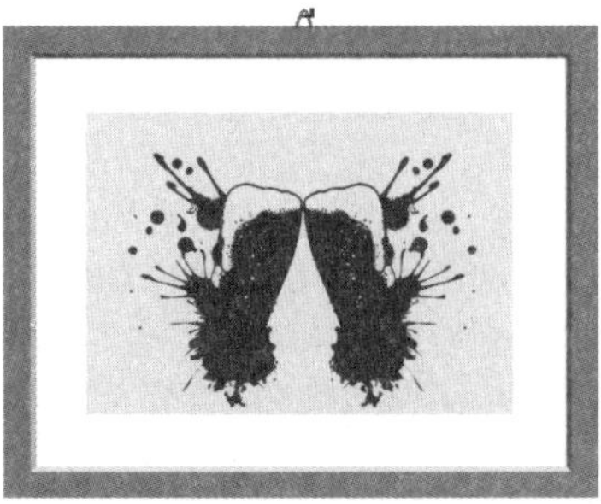

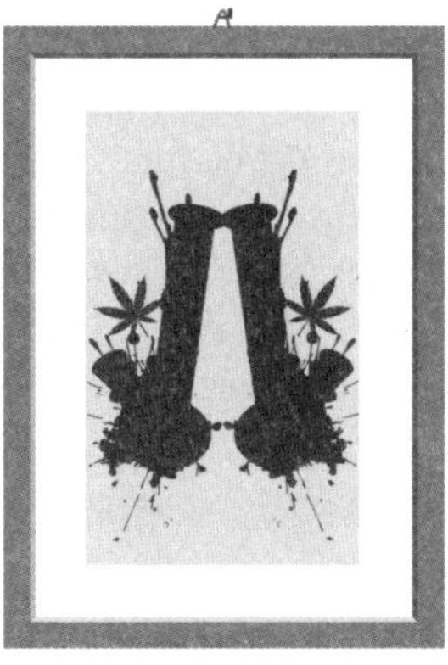

Dabei gibt es zwei schwerwiegende Probleme: Erstens waren sich die Interpreten jeweils für gewöhnlich ungefähr genauso einig über die Interpretation und Bewertung wie zwei Deutschlehrer bei einem Schulaufsatz. Zweitens wurde in späteren Untersuchungen gezeigt, dass man bis zu 80% der Erwachsenen mittels des Rorschachtests eine Depression oder »charakterliche Probleme« attestieren kann. Dies ist durchaus verständlich, denn die ganze Zeit irgendwelche Tintenkleckse zu interpretieren (nicht alle so heiter wie die abgebildeten Exemplare) kann einen schon auch heftig verstimmen.

SITZUNG 12

ALFRED ADLER ODER: IN DER PUBERTÄT SIND WIR TATSÄCHLICH ALLE OPFER

»Ey du Opfer!«, sagt man heutzutage eigentlich nur noch auf dem Schulhof. Dieser Ausspruch birgt in sich jedenfalls eine tiefe Weisheit. Denn gemäß einem der Urväter der Tiefenpsychologie, Alfred Adler, sind wir in unserer Jugend (also heute bis circa 40) allesamt Opfer des unschönen Gefühls der Minderwertigkeit. Denn leider können wir es mit diesen verdammten Erwachsenen einfach nicht aufnehmen, weder körperlich noch geistig oder kohletechnisch. Das ist der Ausgangspunkt für ein grundlegendes Gefühl der Minderwertigkeit.

Dieser Start ins Leben hat nicht nur Tokio Hotel, sondern auch die französischen Existenzialisten beflügelt. Und wir müssen lernen, damit umzugehen. Das kann, gemäß den Grundsätzen der Individualpsychologie, entweder über Kompensation gehen, also sich produktiv den Lebensaufgaben und relevanten Lebensbereichen zu stellen, oder durch Überkompensation passieren. Überkompensation heißt: Man versteift sich auf genau einen Lebensbereich, kniet sich hier voll rein und bezieht sein komplettes Selbstvertrauen aus der Rückmeldung der anderen dazu. Genau deshalb führt für manche Menschen der Vorrundenausscheid bei DSDS auch zu einer psychologisch existenziellen Krise.

Die produktive Kompensation hingegen geschieht nach Adler über drei Themen, nämlich Liebe, Arbeit und Gemeinschaft, und zwar ein Leben lang. So können wir sowohl uns persönlich als auch die Gesellschaft weiterentwickeln. Love me tinder zählt hier aber nicht als Persönlichkeitsentwicklung, sondern es geht um wahre, authentische Liebe. Auch der Dauerbezug von Hartz IV ist aus individualpsychologischer Perspektive nicht förderlich für die Persönlichkeitsentwicklung, weil so der produktive Themenbereich Arbeit leer bleibt, ein Ehrenamt hingegen schon, denn das stärkt die Gemeinschaft.

Am Beispiel Adlers zeigt sich auch, wie die eigene Persönlichkeit die psychologische Theorie formen kann. Denn Adler war Sozialdemokrat, und Liebe, Arbeit und Gemeinschaft sind natürlich Themen, bei denen aufrechten Sozialdemokraten das Herz aufgeht (er war einer).

CARL GUSTAV JUNG – DER HEIDEGGER DER PSYCHOLOGIE

SITZUNG 13

Carl Gustav Jung gehört wie Freud und Adler zu den Gründervätern der Tiefenpsychologie. Sein ambivalentes Verhältnis zu Freud wurde in dem Film »Eine dunkle Begierde« sehr sehenswert verfilmt.

Wohl auf kaum jemanden trifft die Erzählung des Zusammenhangs von Genie und Wahnsinn (die ansonsten übrigens als weitestgehend empirisch widerlegt angesehen werden kann!) so sehr zu wie auf Carl Gustav Jung. Er war unfassbar belesen und gebildet, hat mit seiner Temperamentslehre und anderen Theorien wie jener des Kollektiven Unbewussten die Tiefenpsychologie definitiv bereichert. Aber er hat sich eben auch von den Nazis verführen lassen und sprach in der dunklen Zeit dem arischen Unbewussten einen höheren Stellenwert zu als anderem.

Genau hier liegt die besondere Parallele zur Biografie Martin Heideggers, die selbstverständlich im ersten Semester, der Klo-Philosophie, schon behandelt wurde. Beide hatten einen Hang zur Mystik, beide wollten dem Sein in besonderem Maße auf den Grund gehen. Beide fremdelten mit dem rationalistischen und technokratischen Fortschritt, und beide haben sich aus ihren Theorien heraus eine faschistische Weltanschauung zugelegt. Im Falle von Jung kommt als Phänomen noch hinzu, dass viele andere Tiefenpsychologen selbst Juden waren (z.B. Freud und Adler) und damit die Hinwendung zum Nationalsozialismus eine besondere Abwendung von seinen unmittelbaren Kollegen war und ist.

Eine Besonderheit von Jung im Vergleich zu den anderen Tiefenpsychologen ist die Theorie des kollektiven Unbewussten. Diese besagt, dass es kulturübergreifend bestimmte Bilder gibt, die wir alle teilen (Jung nennt diese auch »Archetypen«). So wird die Farbe Rot wegen der Assoziation mit Blut häufig mit Leben verbunden. Menschen aus allen Ländern berichten bei Nahtoderfahrungen häufig von einem »weißen Licht«. Das Problem ist hier, wie bei vielen Phänomenen der Tiefenpsychologie, dass man sie schwer messen oder erfassen kein. Ein beliebter Witz unter Psychologen zu diesem Problem der tiefenpsychologischen Messbarkeit lautet: »Könnten Sie mir bitte auf einer Skala von 1 bis 10 sagen, wie sehr Sie die Ereignisse der letzten Party gerade verdrängen?«

SITZUNG 14

JUNGS BADEZIMMER

① Enneagramm: Zeit seines Lebens interessierte sich Jung für Okkultismus; er promovierte sogar 1902 über okkulte Phänomene in der Medizin.

② Freud: Bis zum Bruch zwischen beiden sah er ihn fast wie einen Vater an, und er war sein geistiger Mentor.

③ Sonne: Die Sonne steht für Jung für den Archetypus der Mutter, und diese ist ja für Tiefenpsychologen besonders wichtig.

④ Hakenkreuz: Zwischendurch war Jung bekennender Nazi, und so richtig hat er sich selbst später nicht distanziert.

⑤ Traumfänger: Auch Jung interessierte sich stark für die Träume seiner Patienten und wollte sie gemeinsam mit ihnen deuten.

⑥ Jung sah, dass jeder Mensch eine Art Maske hat, ein Bild das davon abhängt, wie wir uns selbst darstellen. Dies nannte er Persona, angelehnt an die Theatermaske. Der Begriff hat auch viel mehr Stil als der heutige: »Impression management«.

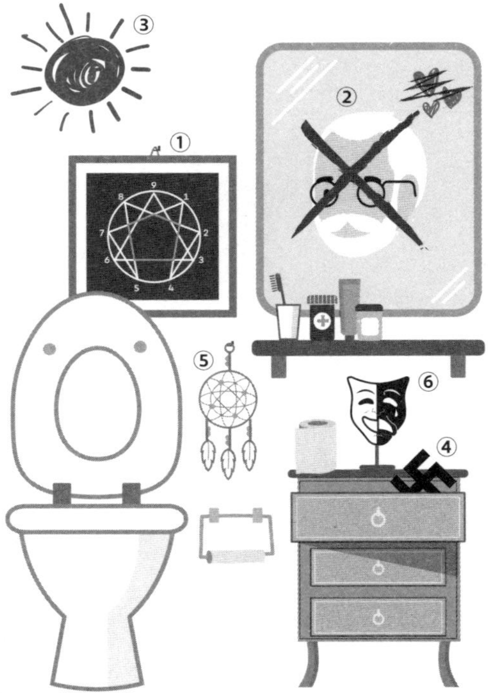

KAPITEL 2

PERSÖNLICHKEITS-PSYCHOLOGIE

BIG FIVE DER PERSÖNLICHKEIT

SITZUNG 15

Warum gehen manche Menschen bei Kritik am liebsten in den Keller und heulen, während andere sofort zum verbalen Angriffskrieg ausholen? Warum blühen manche in Gegenwart anderer auf, während andere förmlich eingehen? Warum geben manche Menschen für andere ihr letztes Hemd, während andere ausschließlich an sich denken? Die Antworten auf diese Fragen liefern die großen Fünf der Persönlichkeit.

Welche Eigenschaften zeichnen einen Menschen aus? Und worin unterscheiden wir uns? Das sind zwei der wichtigsten Fragen der Persönlichkeitspsychologie überhaupt. Es gab und gibt unglaublich viele Persönlichkeitsdimensionen und Typologien. Die wenigsten davon sind jedoch für einen echten Klo-Psychologen akzeptabel. Die sogenannten Big Five der Persönlichkeit haben sich in sieben Jahrzehnten Persönlichkeitsforschung durchsetzen können. Wenn ihr diese kennt, seid ihr dem Klo-Diplom schon deutlich näher.

NEUROTIZISMUS, KLINGT NICHT GUT, IST ES AUCH NICHT

SITZUNG 16

Der Neurotizismus stammt vom Wort Neurose, welches einfach Ängste bezeichnet. Menschen mit einem hohen Ängstlichkeitswert haben, soweit wir dies heute beurteilen können, nicht gerade das richtig große Los gezogen: Sie sind allgemein unzufriedener, haben mehr Bindungs- und Verlustängste, geraten schneller aus dem seelischen Gleichgewicht und sind tendenziell häufiger schlecht drauf. Oder auch: Sie haben ein ordentliches persönlichkeitspsychologisches Päckchen zu tragen. Der einzige Vorteil bei hoher Ängstlichkeit ist Risikovermeidung, die sich vielleicht manchmal ausgezahlt haben wird – so genau kann man das allerdings nicht wissen, man hat es ja nicht ausprobiert. Und dass man andere Menschen und ihre Ängste besser versteht, denn Menschen, die wenig bis fast gar nicht ängstlich sind, können andere Menschen, die kleine Schisser sind, oft nicht so richtig verstehen und wirken daher gern einmal emotional kühl.

SITZUNG 17

EXTRAVERSION, DIE FREUDE AN DEN ANDEREN

Extraversion beschreibt die Nach-außen-Gerichtetheit der Persönlichkeit, und Introversion das genaue Gegenteil.

Hier übrigens was für echte Klugscheißer: Introversion stammt begrifflich vom lateinischen Wort »intro«, also »nach innen«, während »nach außen« lateinisch »extra« heißt. Daher sind die Begrifflichkeiten extravertiert und Extraversion korrekt, aber weil so viele den gedanklich leichten Weg gegangen sind (»wenn es introvertiert heißt, dann muss es doch auch extrovertiert heißen«), ist mittlerweile auch extrovertiert und Extroversion akzeptiert. Korrekt ist es aber nicht!

Extravertierte Menschen brauchen andere Menschen wie die Fische das Wasser. Sie sind heiter, lustig, optimistisch und unterschätzen für gewöhnlich Risiken. Da sie gern Kontakt mit vielen Menschen haben, leidet manchmal der Tiefgang. Da können Introvertierte im persönlichen Diskurs schon mal eher einer Bohrinsel gleichen. Aber erst, wenn sie der anderen Person vertrauen und sich absolut sicher sind, dass sie wenigstens halbwegs gemocht werden. Der persönliche Grad an Extraversion und Introversion gilt als wenig veränderlich und als grundlegend mit dem Temperament zusammenhängend. Der Satz von Oma: »Das ist ja ein temperamentvolles Kind«, ist ein relativ sicheres Indiz für eine spätere Extraversion.

VERTRÄGLICHKEIT, ODER: WENN ICH ZU NETT FÜR DIESE WELT BIN

SITZUNG 18

Verträglichkeit bedeutet, dass Menschen schauen, inwieweit sie und ihr Verhalten mit den Wünschen und Bedürfnissen anderer Menschen übereinstimmen. Die Skala geht von Donald Trump bis zu Mutter Teresa. Nachweislich ist Verträglichkeit gut fürs Herz-Kreislauf-System, aber schlecht für den Geldbeutel. Denn verträgliche Menschen schenken Vertrauen (und auch gern Materielles), sind wohlwollend und leben meist in Einklang mit ihren Mitmenschen. Die

Pumpe geht also nicht so oft, was sie entsprechend schont. Dafür sind sie konfliktscheu und meiden es auch, nachhaltig für ihre eigenen Interessen zu kämpfen.

Wenn sie eine Stelle nicht bekommen, kann es durchaus mal sein, dass die einzige Emotion, die sie empfinden, die Freude für den erfolgreichen Kontrahenten ist. Auch in Führungspositionen sind sehr verträgliche Menschen nicht so gut aufgehoben. Denn der berühmte Liedtext der Prinzen, »Du musst ein Schwein sein in dieser Welt«, gehört praktisch zur Stellenbeschreibung. Andere zur Sau zu machen, ist verträglichen Menschen jedoch wesensfremd.

Tatsächlich lässt sich der Wesenskern verträglicher Menschen durch den alten Satz »Sie sind einfach zu nett für diese Welt« auf den Punkt bringen. Das Gute ist allerdings, dass diese Menschen auch etwas länger auf ihr bleiben, da die Verträglichkeit erfahrungsgemäß sehr gut fürs Herz-Kreislauf-System und die Lebenserwartung ist. Wem vor Ärger, Aggression oder Missgunst ständig die Pumpe geht, dem versagt genau diese auch schneller.

GEWISSENHAFTIGKEIT, DIE PREUSSENSKALA

SITZUNG 19

Die Gewissenhaftigkeit beschreibt die Affinität zu klaren Zielen, Planung, Ordnung, Struktur, Selbstdisziplin und der Einhaltung von Zusagen. Im Prinzip könnte sie auch vereinfacht als »Preußenskala« bezeichnet werden. Friedrich der

II., aber auch Immanuel Kant würden sie wohl sprengen. Allzu viel Gewissenhaftigkeit geht allerdings gern in Perfektionismus über, und das Leben kann sehr kleinbürgerlich bis zwanghaft werden. Außerdem haben gewissenhafte Menschen ein Problem mit dem Delegieren, sie sind grundlegend der Meinung, dass Sachen nicht gut werden, wenn sie nicht selbst Hand anlegen. Was sie aber häufig meinen: »Wenn es nicht genau so ist, wie ich *will*, dann ist es nicht gut.« Zwar ist Gewissenhaftigkeit nach der allgemeinen Intelligenz die wichtigste Vorhersagevariable für den Berufserfolg, aber daran hat man eben nur lange Freude, wenn die Leute auch mal lernen, sich locker zu machen.

OFFENHEIT FÜR NEUE ERFAHRUNGEN, UND DAS IST WORTWÖRTLICH ZU VERSTEHEN

Die Offenheit für neue Erfahrungen beschreibt den starken Wunsch, neue Ideen, Eindrücke, Erlebnisse, Orte, Speisen, Drogen und Menschen kennenzulernen. Ihr Gegenteil ist der Konservatismus. Eine hohe Offenheit für neue Erfahrungen hängt folgerichtig mit vielen Reisen, mehr biografischen Umwegen, erhöhtem Drogenkonsum sowie höheren Scheidungsraten zusammen. Oft haben diese Menschen ein reichhaltiges Gefühls- und Fantasieleben und lassen andere zudem gern daran teilhaben. Auch unvermittelt und ungefragt. Eines aber lässt sich ganz sicher sagen: Menschen, die für neue Erfahrungen sehr offen sind, führen für gewöhnlich ein sehr reichhaltiges und intensives, aber nicht unbedingt das längste Leben. Demgegenüber haben konservative Menschen eine Präferenz für Bewährtes, wollen keine ständige Veränderung und neue Eindrücke. Helmut Kohl, der seine Urlaube über mehr als 30 Jahre stets am Wolfgangsee verbrachte, ist hier ein eindrucksvolles Exempel. Für Menschen mit hoher Offenheit für neue Erfahrungen sind konservative Menschen oft langweilige Spießer, während Menschen mit hoher Offenheit für neue Erfahrungen andersherum gern für Spinner und Träumer gehalten werden.

Im Prinzip liegt hier ein ganz klarer Zielkonflikt vor, der sich in einem wunderschönen Bonmot verdichtet: Wer für alles offen ist, ist nicht ganz dicht. Denn den vielen Eindrücken und Erlebnissen bei hoher Offenheit für neue Erfahrungen steht oft eine diffuse persönliche Identität gegenüber. Dieses Problem haben konservative Menschen für gewöhnlich nicht. Sie wissen meist, wer sie sind, was sie wollen und sind grundlegend geerdet.

SITZUNG 21

TEMPERAMENTSLEHRE

Die Temperamentslehre ist die wohl älteste Persönlichkeitstheorie überhaupt. Hippokrates hat sie im 4. Jahrhundert vor Christus begründet und auf das besondere Fließen von vier Körpersäften zurückgeführt. Diese »Vier-Säfte-Lehre« ist zwar längst widerlegt, aber macht die Temperamentstypen dennoch bis heute erstaunlich anschaulich.

Probier doch zur Einstimmung mal diesen kurzen Psychotest: Identifizierst du dich am ehesten mit

Barbara Schöneberger,
Jürgen Klopp,
Ozzy Osbourne oder
Frank-Walter Steinmeier?

Die Antwort kann euch einiges über euer Temperament aussagen, denn Identifikation heißt oft Projektion auf die Person, die uns sehr ähnlich ist. Schau in der nächsten Sitzung, was dein Ergebnis bedeutet.

SITZUNG 22

DIE VIER TEMPERAMENTSTYPEN

A) Sanguiniker*in
Menschen, die angeblich voller Blut sind.

Sie sind optimistisch, heiter, voller Tatendrang, unterschätzen grundsätzlich Risiken und die Zeit, die eine bestimmte Tätigkeit bis zur Fertigstellung braucht. Auch sind sie manchmal doch etwas oberflächlich und nicht immer allzu konsequent. Aber dafür scheint ihnen für gewöhnlich die Sonne aus dem Popser.

B) Choleriker*in
Menschen, denen gern mal die Galle hochkommt.

Sie haben eine kurze Zündschnur und mächtige emotionale Explosionen. Dennoch sind sie, und das ist ihr großer Vorteil, autonom, willensstark, konsequent und beharrlich. Das heißt, sie sind zwar gut darin, Dinge zu verändern. Aber eben nicht immer zum Guten. Wichtig also: Der Begriff »cholerisch« ist in der Psychologie deutlich neutraler als in der Alltagssprache.

C) Melancholiker*in

Menschen, die zu viel schwarzen Gallensaft im Körper haben, dessen Folgen oft an schwarz gefärbten Haaren und zu dunklem Augen-Make-up ersichtlich sind.

Für sie ist die Welt häufig trist und schwer. Sie haben eine eher traurige Grundstimmung, und das Glas ist auch tendenziell halb leer, außer wenn gegen die Deprivation angetrunken wird. Sie sind aber sehr empfindsam, empathisch und haben häufig viel Tiefgang. Die Wahrscheinlichkeit, den Literaturnobelpreis zu gewinnen, ist ebenfalls leicht erhöht.

D) Phlegmatiker*in

Menschen, die einen Überschuss an Schleim in sich haben.

Wer zu viel davon hat, braucht lange Zeit, um sich zu entscheiden und in die Gänge zu kommen (ist doch logisch, oder?). Wenn das aber passiert, dann sind sie absolut konsequent und ziehen die Dinge durch. Negatives, emotionale Aufwallungen und Aufgeregtheit prallen ab, und alles wird etwas nüchterner betrachtet. Sie gehen entspannt durchs Leben, mental, emotional und körperlich. »Chill mal deine base« ist für sie ein persönlicher kategorischer Imperativ!

BEHAVIORISMUS

SITZUNG 23

In der Bibel war im Anfang das Wort, in der experimentellen Verhaltensforschung waren im Anfang die Ratte und der Hund. Der Behaviorismus hat es sich zur Aufgabe gemacht, menschliches Verhalten zu ergründen und dabei das Innenleben der Menschen, ihre psychischen Prozesse, einfach komplett außer Acht zu lassen. Also etwa so, wie das bei vielen Ehepartnern nach mehreren gemeinsamen Jahren Standard ist.

Der Behaviorismus hatte das Ziel, die Psychologie an den Standard einer Naturwissenschaft heranzuführen. Wir haben ganz viel über menschliches (und tierisches) Lernen gelernt, die methodischen und wissenschaftlichen Standards wurden verbessert, aber leider über Jahrzehnte innerhalb der Psychologie ihren Gegenstand, nämlich die Psyche, ausgeblendet.

Manchmal ist das, was ein Lebewesen denkt und will, aber auch sehr eindeutig gewesen, wie in dem Versuch, bei dem eine Ratte durch ein Labyrinth eine andere Ratte fand, mit dieser kopulierte und kurz vor dem Orgasmus immer wieder entfernt und quasi auf null gesetzt wurde. Das erstaunliche Ergebnis war: Die Ratte brauchte immer kürzer bis zum Weibchen. In der vermeintlichen Black Box war also auch ohne Introspektion klar: Diese Ratte war rattig.

FREDERIC BURRHUS SKINNER, DER UNFREIWILLIGE VORDENKER DER CHINESISCHEN KP

SITZUNG 24

Skinner ist mit Sicherheit einer der bedeutendsten Psychologen des 20. Jahrhunderts. Er hat den Science-Fiction-Roman *Walden Two* geschrieben. Darin soll mittels Verhaltenssteuerung, Überwachung und Verstärkungslernen eine Gesellschaft glücklicher Menschen aufgebaut werden. Er sah dabei vier Gruppen von Menschen vor, nämlich Planer, Manager, Arbeiter und Wissenschaftler. Ein Schelm, wer hier an China denkt ...

... obwohl: Skinner hat, wahrscheinlich unfreiwillig, die heutige chinesische Verhaltensüberwachung, das Social-Credit-System, vorgedacht. Hier bekommt man Punkte für alle Aktivitäten: Heiraten gibt Pluspunkte, Arbeiten auch, bei einer überschrittenen roten Ampel oder Fluchen über die Partei gibt es Minuspunkte. Das gesamte Verhaltenssystem lässt sich mit den Lernprinzipien Skinners erklären, ebenso die beabsichtigte Wirkung, nämlich eine Totalüberwachung der Gesellschaft, die ein Aufbegehren nahezu unmöglich macht. Denn die Minuspunkte wirken sich auf die Kreditwürdigkeit, Hotelbuchungen und Heiratschancen aus. Was wünschenswert ist, entscheiden die Partei und die Algorithmen des Überwachungssystems. Skinners Idee des »behavioral engineering« ist also höchst aktuell. Die Frage ist nur, ob er auf die chinesische Version der Umsetzung seiner Ideen stolz wäre.

LERNGESETZE (GELTEN FÜR HUNDE, BABYS, RATTEN UND ERWACHSENE GLEICHERMASSEN)

SITZUNG

25

Lee Thorndikes Gesetz der Wirkung

Wenn wir in etwas bestärkt werden, lernen wir es schneller und besser. Nach dem zehnten Tinder-Date hat man den Dreh raus, aber so weit muss man erst mal kommen.

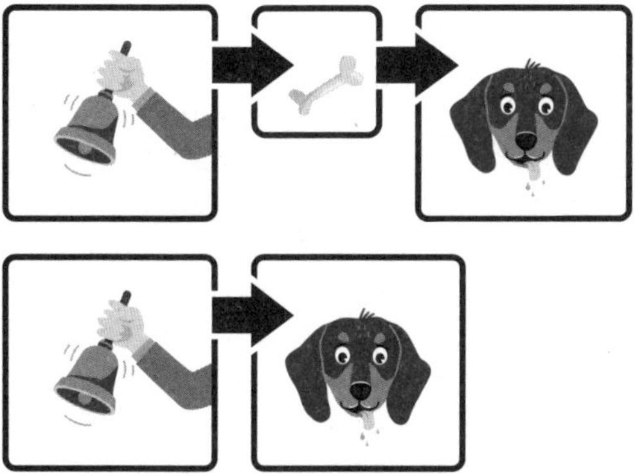

Pawlows klassische Konditionierung

Ein ursprünglich neutraler Reiz wird durch Lernen zu einem relevanten Reiz. Wenn der komplett weiße Briefumschlag direkt mit Behördenpost assoziiert wird, kann bereits der Anblick zu Schweißausbrüchen führen.

Operante Konditionierung
Wenn ein Verhalten mit positiven Konsequenzen einhergeht, wird es verstärkt. Genau das macht den Abschied von Schoki so schwer.

Dasselbe gilt umgekehrt natürlich auch für Bestrafungen.

GEWOHNHEITEN

SITZUNG
26

Tatsächlich ist nachgewiesen worden, dass der Hauptgrund dafür, warum Menschen tun, was sie tun, ist, dass sie es schon immer so gemacht haben. Ob Popeln in der Nase, das notorische Zuspätkommen oder der Sonntagstatort. Gewohnheiten sind ein wenig wie Kuscheltiere. Sie bieten uns Halt und Geborgenheit, aber wirken auf andere gern mal skurril.

Gewohnheiten sorgen auch dafür, dass Eigenschaften wie Flexibilität, Anpassungsbereitschaft oder, inzwischen immer stärker in Mode, Ambiguitätstoleranz (also Widersprüche gut aushalten zu können) eher Blabla im Bewerbungsschreiben sind, während unsere innere Stimme meistens jammert: »Das hab ich schon immer so gemacht, und das mach ich auch so weiter.«

Aber warum sind wir Menschen eigentlich solche schmollenden Gewohnheitstiere? Und ist der innere Schweinehund nicht der wahre beste Freund des Menschen?

Wir lernen zwar durchaus gern Neues, aber der innere Schweinehund ist ein sehr angenehmes Haustier, das für die nötige Faul-Life-Balance sorgt. Zudem sorgen Gewohnheiten dafür, dass wir weniger nachdenken müssen, was unserem sogenannten kognitiven Geizhals (später mehr!) sehr entgegenkommt. Und wenn wir uns auf unsere Gewohnheiten verlassen, müssen wir uns gefühlt nicht entscheiden (außer eben für die Gewohnheit, aber das wird ausgeblendet), und jede Entscheidung ist bekanntlich ein Massenmord an Möglichkeiten. Und wer will schon Massenmörder sein?

KURT LEWIN

SITZUNG
27

Kurt Lewin war, das muss man klar so sagen, ein krasser Typ und ein ziemlich genialer Psychologe. Er hat uns erklärt, wie Führung funktioniert, hat menschliches Verhalten noch viel besser der Analyse zugänglich gemacht und die internationale Psychologiegeschichte geprägt. Da er Jude war, musste er in der Nazizeit emigrieren und konnte seine bahnbrechenden Forschungen in Berlin nicht fortsetzen.

Es gibt die schöne Anekdote über Lewin, dass er, wenn er mit seinem Lehrstuhl im Restaurant saß, die Kellner gern einmal vor dem Bezahlen der Rechnung und einmal danach befragte, wie hoch der Rechnungsbetrag sei. Vorher wussten es noch alle, hinterher keiner mehr. Das illustriert die Theorie der gespannten Systeme: Solange noch nicht gezahlt wurde, ist das System Kellner unter Spannung, denn sonst muss er selbst zahlen, also wird der Rechnungsbetrag tunlichst erinnert. Aber wenn bezahlt wurde, hat sich das System ganz schnell entspannt, und der Betrag ist keine relevante Information mehr. Nach demselben Prinzip erklärt sich übrigens auch das Phänomen des Vergessens von Hochzeitstagen ...

Auf Lewin geht auch die Unterscheidung zwischen dem autoritären, dem demokratischen und dem Laissez-faire-Führungsstil zurück. Wird also eine Organisation oder Abteilung eher geführt wie der Kreml, wie Greenpeace oder wie ein selbstverwaltetes Hausprojekt. Er konnte aufzeigen, dass der demokratische Führungsstil langfristig sowohl für die Motivation als auch die Zufriedenheit und die Verbundenheit mit der eigenen Organisation und Führungskraft am sinnvollsten ist. In schwierigen Situationen, und wenn schnelle Entscheidungen gefragt sind, kann ein kleiner Putin durchaus hilfreich sein. Nur eben nicht langfristig.

Vor allem aber hat Lewin eine mathematische Gleichung geprägt, die alle Psychologie-Studis im Schlaf singen können sollten: **V=f(P,U)**

Und weil die geneigten Leserinnen und Leser vielleicht nicht unbedingt als Mathe-Cracks geglänzt haben, und weil sie gar nicht wissen können, wofür die einzelnen Variablen stehen, hier Lewins Grundgleichung noch mal für Dummies:

Verhalten **(V)** ist eine Funktion **(f)** aus Person **(P)** und Umwelt **(U)**. Wie die genau zusammenhängen, wissen wir nicht, daher das Komma. Unser Verhalten ist nach Lewin also eine beständige Wechselwirkung zwischen unserer Persönlichkeit und unserer Umwelt. Und optimalerweise sorgt unsere Umwelt dafür (oder wir suchen uns eine passende Umwelt aus), dass wir uns beständig weiterentwickeln. Dies wäre jedenfalls sehr im Sinne der Psychologie Lewins gewesen.

SITZUNG 28

KURT LEWINS BADEZIMMER

① Bajonett: Er meldete sich freiwillig im Ersten Weltkrieg.
② Eisernes Kreuz: Er wurde schwer verwundet und kam erst 1919 aus dem Lazarett.
③ Menora: Er war jüdischen Glaubens und Zionist.
④ Kamera: Lewin nutzte gern und intensiv die Dokumentationsmethode.
⑤ Flasche Rotwein: Lewin war ein sehr geselliger Psychologe.
⑥ Dickes Mathebuch: Seine psychologischen Theorien waren oft mathematisch anspruchsvoll.

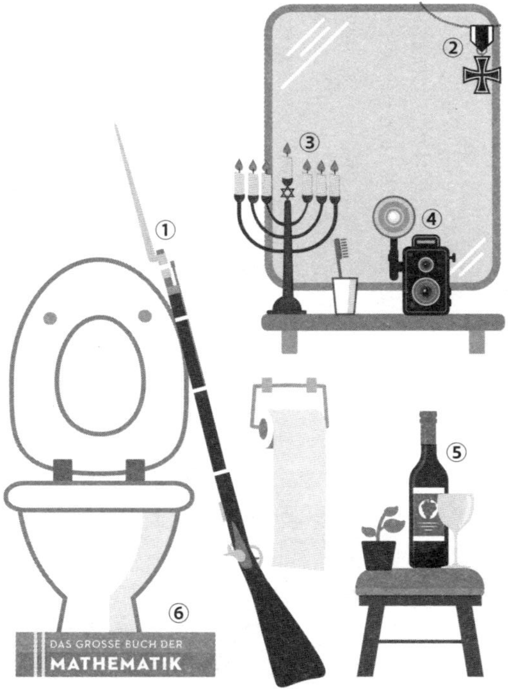

SITZUNG 29

SELBSTWERTGEFÜHL

Das eigene Selbstwertgefühl zu entwickeln ist eine Lebensaufgabe. Vor allem geht es darum, ein gesundes Ego zu entwickeln, irgendwo zwischen Kim Kardashian und Woody Allens Charakteren. Ganz wichtig für die Persönlichkeitsentwicklung ist sowohl der Umgang mit Misserfolgen als auch mit Kritik. Wer nicht zu Fehlern stehen kann und auch bei berechtigter Kritik sofort zum verbalen atomaren Gegenschlag ausholt, kann sich kaum weiterentwickeln (für das Weiße Haus könnte es dennoch reichen).

Wenn wir uns anschauen, was Menschen laut Facebook, Instagram, Snapchat, TikTok und Co. so alles Tolles machen, müssten wir eine unglaublich glückliche und erfüllte Gesellschaft sein. Hier wimmelt es nur so vor Urlauben, Sonnenuntergängen, Unbeschwertheit, Partys und außergewöhnlichen Momenten. Im starken Kontrast dazu stehen die deutlich gesteigerten Raten von Depressionen und Angststörungen. Denn gerade heute und gerade für junge Menschen ist die Selbstdarstellung in Social Media, vor allem aber auch die Bestätigung dafür von anderen eine wichtige Quelle des Selbstwertes. So sind heute auch manche Spots nicht mehr deshalb interessant, weil sie schön sind, sondern weil sie »instagramable« sind.

Ein ganz wichtiger Tipp des Klo-Psychologen: Diese schlimme Frage aus dem Bewerbungsgespräch, nämlich: »Wo sehen Sie sich in drei Jahren?«, ist zwar vorhersehbar, aber dennoch psychologisch klug. Denn eine Vision des eigenen Lebens zu haben und darauf hinzuarbeiten, ist Persönlichkeitsentwicklung vom Allerfeinsten. Wer Visionen hat, muss auch nicht

zum Augenarzt. Wer aber keine hat, wird in der Persönlichkeitsentwicklung ungefähr so dynamisch sein wie Rainer Calmund heute auf einem Fußballfeld.
An der eigenen Lebensvision zu arbeiten, sich persönlich weiterzuentwickeln und dadurch ein Gefühl von Selbstwirksamkeit zu bekommen, ist genau wie Stolz auf eigene Leistungen die beste Quelle des Selbstwertgefühls.

SENSATION-SEEKING

SITZUNG 30

Langeweile ist schon scheiße. Wie scheiße sie konkret ist, ist von Person zu Person unterschiedlich und lässt sich mit der Theorie des *Sensation-Seeking* erklären. Sie besagt, dass Menschen in unterschiedlichem Maße nach starken Eindrücken suchen. Und Langeweile vermeiden wollen.

Menschen mit hohem *Sensation-Seeking* führen für gewöhnlich ein recht aufregendes und intensives Leben und brauchen viele starke Eindrücke: Motorradfahren, (illegale) Drogen, viel Sex, Extremsportarten und alles, was Nervenkitzel verspricht, ist diesen Menschen wichtig und angenehm. Genau das ist der Kern des *Sensation-Seeking*: nämlich dass Menschen genau diese starken Eindrücke brauchen.

Menschen mit hohem *Sensation-Seeking*-Wert sind meist die Ersten, die davon ausgehen, dass halb besoffen rausgeschmissenes Geld ist. Sie halten sich, Gefallen vorausgesetzt, nicht unbedingt an die Drei-Date-Regel (erst beim dritten Date sollte was passieren, sonst wird es nix Ernstes). Wenn sie Auto oder Motorrad fahren, ist die Straßenverkehrsordnung eher eine Kann-Bestimmung denn eine Muss-

Bestimmung. Auch die Unterscheidung zwischen legalen und illegalen Drogen ist, mit dem Känguru gesprochen, eine eher bürgerliche Kategorie, sofern Menschen einen hohen *Sensation-Seeking*-Wert haben.

Doch wie lässt sich das Ganze erklären?

Jeder Mensch hat ein optimales Stimulationslevel. Wie hoch dieses ist, unterscheidet sich stark und reicht von »Der Kleingarten ist mir eigentlich schon zu aufregend« bis zu »Nach dem dritten Mal ist ein Bungee-Jump auch langweilig«.

Menschen mit einem hohen *Sensation-Seeking* brauchen für gewöhnlich ein hohes Stimulationslevel, denn sie vereinen in sich die vier folgenden Komponenten dieser Theorie:

1) ein sogenanntes *Thrill-and-Adventure-Seeking*: Für sie sind körperlich aufregende und auch gefährliche Aktivitäten spannend.
2) ein *Experience-Seeking*, der Genuss vieler neuer und intensiver Eindrücke.
3) ein ordentliches Maß an *Disinhibition*, also Enthemmung. Deichkinds Liedzeile »Impulsive Menschen kennen keine Grenzen. Schmeiß die Möbel aus dem Fenster, wir brauchen Platz zum Dancen« wurde mit Sicherheit von Menschen mit hohem *Sensation-Seeking* geschrieben.
4) ordentlich *Boredom-Susceptibility*, also eine erhöhte Anfälligkeit für Langeweile.

Also: Abenteuerlust, die Suche nach intensiven Erfahrungen, Enthemmung und eine starke Abneigung gegen Langeweile ergeben zusammen diese Theorie der Sensationssuche.

Insgesamt ergibt sich also folgender Zielkonflikt: Menschen mit hohem *Sensation-Seeking* leben zwar intensiver und eindrucksreicher, allerdings ist ihre Lebenserwartung statistisch signifikant reduziert.

BEDÜRFNISPYRAMIDE NACH MASLOW

SITZUNG 31

Die in den 1950ern begründete Bedürfnispyramide nach Maslow ist ein absoluter Klassiker und darf in keiner Einführung in die Psychologie fehlen. Und sagen wir es mal so: Sie ist bei Praktikerinnen und Praktikern der Psychologie deutlich beliebter als in der Wissenschaft. Maslows Bedürfnispyramide ist die komplexere Version von Bertolt Brechts berühmtem Satz »Erst kommt das Fressen, und dann die Moral«.

Die Erfüllung der jeweils unteren Stufe ist dabei die Voraussetzung für die Befriedigung von Bedürfnissen auf der jeweils nächsthöheren Ebene.

Was man mit Maslow wirklich gut erklären kann: Selbst wenn wir das romantischste Date der Welt haben, können wir es nicht wirklich genießen, wenn wir währenddessen dringend kacken müssen. Die Bedürfnispyramide erklärt auch, warum viele Menschen ihre Talente nicht entwickeln, nämlich weil es bei den Stufen darunter irgendwo hakt: Bei der Kohle, der Wertschätzung oder weil die Kolleginnen und Kollegen oder die Familie so sind, wie sie sind. Allerdings gibt es auch Kritik an diesem Modell, und die soll euch nicht vorenthalten werden. Denn erstens gibt es viele Fälle, in denen nicht genau diese Schrittfolge gilt: Menschen mit geringem oder inexistentem Anschlussmotiv brauchen nicht erst Gemeinschaft, bevor sie nach Anerkennung streben. Nicht wenige wollen sich auch trotz erheblicher Probleme mit den unteren Stufen immer wieder selbst verwirklichen. Ebenso wird kritisiert, dass am Ende des Tages die Bedürfnispyramide nicht universell, sondern eher der Ausdruck der Ethik westlicher Mittelschichten ist. Nicht für jeden Menschen ist Selbstverwirklichung das oberste Ziel, gerade in kollektivistischen Gesellschaften.

DIE THEORIE DER GRUNDWERTE

SITZUNG 32

Wenn in der Kindheit nicht alles schiefgegangen ist, haben wir Menschen bestimmte Werte. Jonathan Haidt hat herausgefunden, dass es kulturübergreifend sechs Grundwerte gibt, die grundlegend gelten. Diese sind bei jedem in unterschiedlicher Ausprägung vorhanden (außer bei Psycho- und Soziopathen) und machen sich an unterschiedlichen Dingen fest. Hier mal anhand einiger Beispiele die sechs universellen Grundwerte:

1) **Kümmern:** Wenn man im Bus nicht für eine ältere Dame aufsteht, obwohl sie erkennbar schlecht läuft, ist schon beim Zuschauen der Wert des Kümmerns verletzt.
2) **Fairness/Gerechtigkeit:** Die Tatsache, dass Frauen selbst bei gleicher Tätigkeit immer noch weniger verdienen als Männer, sollte bei allen Menschen den Fairness-Wert verletzen.
3) **Autorität:** Wenn Menschen in der Corona-Krise ohne Maske einkaufen, ist das eine Verletzung des Autoritätswertes für all diejenigen, die sich an die Maskenpflicht halten.
4) **Heiligkeit:** Werden Menschen öffentlich gedemütigt oder degradiert oder erleben sie Scham, verletzt dies ihre Heiligkeit.
5) **Freiheit:** Für Raucherinnen und Raucher verstößt das Rauchverbot in Kneipen gegen ihren Grundwert der Freiheit.
6) **Loyalität:** Der Loyalitätswert ist zum Beispiel dann verletzt, wenn ein Mensch vornherum freundlich ist und hintenherum lästert.

Nun der Tipp vom Klo-Psychologen: Mit der Theorie der Grundwerte findet man schnell und treffsicher heraus, was den anderen gerade verletzt. Und wenn man genau auf diesen Grundwert eingeht und ihn bekräftigt, am besten mit der sprachlichen Konstruktion: »Ich kann verstehen, dass ...«, seid ihr danach im Gespräch dicke Bros.

SITZUNG 33

PATHOLOGISCHE PERSÖNLICHKEITSSTÖRUNGEN

Bis jetzt haben wir uns mit ziemlich normalen Verhaltensweisen und Themen befasst. Allerdings hat die Psychologie sich sehr lange und intensiv mit Pathologien von Menschen, insbesondere Störungen der Persönlichkeit, auseinandergesetzt. Dabei wurden und werden alltagspsychologische Konzepte wie »Die ist nicht ganz dicht«, »Der läuft echt nicht rund«, »Die hat 'ne Vollklatsche« und weitere präzisiert und auf eine gesicherte Basis gehoben.

Die Kenntnis dieser Persönlichkeitsstörungen hilft uns, das Verhalten mancher unserer Mitmenschen besser zu erkennen und zu verstehen. Wichtig ist hierbei noch Folgendes: Wir können uns das nicht so vorstellen, dass die Leute bis zu einem bestimmten Level normal sind, und dann haben sie schlagartig eine Störung. Sondern das ist eher so ein schleichender Übergang, was natürlich die Diagnostik erschwert.

Vorweg schon einmal zu zweien der sagenumwobensten pathologischen Krankheitsbilder:

Psychopathen sind Menschen, denen andere Menschen und vor allem deren Leid einfach vollkommen egal sind. Ob Hannibal Lecter oder Jack the Ripper: Es sind Menschen, denen es eklatant an Empathie fehlt. Sie können nicht einmal Schuldbewusstsein oder Reue empfinden, haben aber öfter mal ein gesteigertes Selbstbewusstsein. Sie fühlen sich oft so wie eine Brandenburger Techno-Crew: Gestört, aber geil.

Soziopathen wiederum sind Menschen, die zwar noch so etwas wie eine Restmoral haben, denen aber einfach die Folgen ihres Handelns für andere scheißegal sind. Sie sind leicht reizbar, oft aggressiv, und sie halten sich meist nicht an die Regeln. Unter Gangsta-Rappern, Corona-Leugnern sowie Menschen, die an einem Buffet stehen, an dem es nur noch wenig gibt, soll dieses Störungsbild überzufällig häufig auftreten.

Persönlichkeitsstörungen sind ein sehr ernstes Thema, aber sie sind natürlich auch ein zutiefst psychologisches Thema, welches daher hier nicht ausgespart werden soll.

DIE NARZISSTISCHE PERSÖNLICHKEITSSTÖRUNG, EIN SPIEGELBILD DER GESELLSCHAFT

SITZUNG 34

In der griechischen Mythologie gab es einen Jüngling, der ein gravierendes Problem hatte. Er war nämlich so hot, dass er so ziemlich jede und jeden hätte kriegen können, aber sowohl seine Verehrerinnen als auch seine Verehrer abwies. Er saß also amourös ganz schön auf dem Trockenen. Da ergab es sich, dass er in einer Wasserquelle sich selbst sah und sich unsterblich verliebte. Als dann dieses Bildnis, so die Mythologie, durch eine göttliche Fügung mit einem Blatt getrübt wurde und er sich hässlich fand, sah er keinen weiteren Ausweg mehr als den Freitod. Was für eine Drama-Queen!

Die Geschichte des Narziss zeigt, dass Schönheit allein nicht unbedingt zu einem nachahmenswerten Leben führt. Er ist auch der Namensgeber für eine Persönlichkeitsstörung, die in unserer Gesellschaft zunehmende Prominenz und Relevanz entfaltet: die narzisstische Persönlichkeitsstörung.

SITZUNG 35

NARZISSMUS 2: ICH BIN SCHON SEHR GEIL, LEIDER HABEN DIE ANDEREN DAS IMMER NOCH NICHT VERSTANDEN. DEREN PROBLEM, NICHT MEINS!

Gemäß dem sogenannten *Disorders Statistics Manual*, dem Klassifikationssystem der American Psychiatric Association, solltet ihr euch Sorgen machen, wenn ihr fünf oder mehr der folgenden neun Punkte erfüllt:

- ☐ Ihr glaubt von euch, dass ihr unglaublich wichtig seid und anderen grundsätzlich überlegen (egal, wie die tatsächliche Performance aussieht).
- ☐ Ihr denkt ständig an riesigen Erfolg, Glanz und Ruhm (wobei, wer macht das nicht gelegentlich).
- ☐ Ihr glaubt besonders und einzigartig zu sein, weshalb nur besondere Leute (nämlich die, die selbst besonders und einzigartig sind) den Umgang mit euch überhaupt verdient haben.
- ☐ Ihr braucht ständige und übermäßige Bewunderung (mein Haus, mein Auto, mein Boot, meine Anzahl an Followern …).
- ☐ Ihr denkt, dass ihr grundlegend Anspruch auf eine Vorzugsbehandlung habt, weil ihr ja so etwas Besonderes seid.
- ☐ Ihr seid in zwischenmenschlichen Beziehungen oft echte Arschlöcher und denkt nur an euren eigenen Vorteil.
- ☐ Es fehlt euch an Einfühlungsvermögen, und ihr könnt oder wollt die Gefühle anderer Menschen nicht berücksichtigen.
- ☐ Ihr seid ständig neidisch auf andere.
- ☐ Ihr legt ständig ein stattliches Maß an Arroganz an den Tag.

Großes Problem: Narzisstinnen und Narzissten haben oft gar kein Problembewusstsein. Das heißt, wenn ihr euch mit auffällig wenigen dieser Aussagen identifiziert, könnte auch das ein besonders deutlicher Hinweis auf eine narzisstische Persönlichkeitsstörung sein. Denn sie sind ja großartig, leider haben die anderen das noch nicht recht verstanden … Daraus ergibt sich auch, dass diese Persönlichkeitsstörung deutlich schwerer therapierbar ist als andere.

Allerdings stellt sich an dieser Stelle die Frage, inwieweit der Narzissmus nicht auch gesellschaftlich bedingt ist. Allein durch die Digitalisierung, insbesondere die sozialen Netzwerke, gibt es jetzt ganz neue Möglichkeiten, sich zu inszenieren. Hier gibt es Likes und Follower, also Dinge, die dem Narzissmus schmeicheln.

DIE HISTRIONISCHE PERSÖNLICHKEITSSTÖRUNG

SITZUNG 36

Manche Menschen sind immer so ein bisschen drüber. Bei ihnen hat man das Gefühl, dass das gesamte Leben wie eine Inszenierung ist, und es kommt immer mal die Frage auf, wer eigentlich der echte Mensch dahinter ist. Dahinter könnte eine histrionische Persönlichkeitsstörung stecken. Diese Bezeichnung leitet sich von dem griechischen Wort für Schauspieler ab (»histrio«). Im Showgeschäft sind die Histrios natürlich überrepräsentiert, und das nicht nur auf der Bühne, sondern auch in so mancher Jury …

Und auch hier wieder ein praktischer Selbsttest (Wenn ihr euch mit mehr als 4 von 6 Merkmalen identifziert, solltet ihr tief in euch statt immer wieder auf die Bühne gehen):

1) **Eine ständige Selbstdarstellung und Theatralik**, vor allem aber ein übertriebener Gefühlsausdruck (für Australier und Amis zählt das nicht, denn für sie ist nach der Empirie des Klo-Psychologen alles »awesome«).

2) **Leichte Beeinflussbarkeit** durch andere oder durch bestimmte Ereignisse (egal, ob Likes, Eichhörnchen oder der Nachbar).

3) **Ein sehr oberflächliches und vor allem labiles Gefühlsleben** (umgangssprachlich auch als »emotionale Achterbahn« bekannt).

4) **Ständige Suche nach aufregenden Erlebnissen** und Aktivitäten, bei denen man selbst selbstverständlich im Mittelpunkt steht (Histrios haben meist ordentlich *Sensation-Seeking*).

5) **Ein übertrieben verführerisches Verhalten** und Erscheinungsbild (wobei hier klar anzumerken ist, dass das, was als übertrieben verführerisch gilt, natürlich stark durch die Epoche geprägt ist; früher war schon ein nackter Knöchel quasipornös).

6) **Sehr starke Anstrengungen, attraktiv zu erscheinen.**

Das also sind die Definitionen dieses Störungsbildes. Wenn man das für bare Münze nimmt, dann hätten eigentlich fast alle berufsmäßigen Youtuberinnen und Youtuber diese Störung.

Wir haben einfach heute viel mehr technische Möglichkeiten, uns selbst zu inszenieren, und es gibt viel mehr Feedback-Möglichkeiten für ein entsprechendes Lebensschauspiel. Daher ist es gerade aus einer kritisch-psychologischen Perspektive auch hier sehr schwierig, von einer Störung des Individuums zu sprechen (allerdings gab es Histrioniker auch schon vor der Digitalisierung). Hinzu kommt, dass eine Sehnsucht nach Aufmerksamkeit allen Menschen innewohnt. Andererseits gilt aber auch: Ohne Histrionikerinnen und Histrioniker wäre das Entertainment-Angebot deutlich eingeschränkt!

BORDERLINE-PERSÖNLICHKEITSSTÖRUNG

SITZUNG 37

Die Borderline-Persönlichkeitsstörung ist sowohl für die betroffene Person selbst als auch für die Angehörigen und insbesondere Beziehungspartner Hardcore. Denn eine hohe Impulsivität, schnelle Stimmungswechsel, ein ständiger Wechsel zwischen Idealisierung und Abwertung und dazu noch permanente emotionale Instabilität sind nicht ohne.

Gemäß dem amerikanischen *Disorders Statistics Manual* sind das die neun Kernkriterien der Borderline-Persönlichkeitsstörung (ab fünf wird es kritisch):

1) **Ein starkes Bemühen, bloß nicht verlassen zu werden** (egal, ob es tatsächlich bevorsteht oder angenommen wird; denn häufig gibt es ausgeprägte Verlustängste).

2) **Sehr instabile zwischenmenschliche Beziehungen**, die zwischen einer starken Idealisierung (Traumprinz, Lieblingsmensch, Herz-

dame) und Abwertung (*********, ***********, **************, ****** – *****) schwanken.

3) **Sehr unklare eigene Identität** und Schwierigkeit, eine solche aufzubauen.

4) **Starke Impulsivität** in wenigstens zwei Bereichen, die potenziell selbstschädigend sind: Extrem-Shopping, Matratzensport, schnelles Fahren, Fressflashs und alle Arten von Substanzmissbrauch.

5) **Andeutungen von Suizidabsicht** oder tatsächlich suizidale Handlungen.

6) **Stark ausgeprägte Stimmungsschwankungen**, insbesondere auch intensive schlechte Laune oder Reizbarkeit.

7) **Ein ständiges Gefühl innerer Leere.**

8) **Unangemessene Wutausbrüche** und Schwierigkeiten, negative Gefühle für sich zu regulieren.

9) **Im Fall von Belastungen teils seltsame, teils paranoide Vorstellungen.**

Es gilt auch hier: Je mehr davon gegeben ist, umso eher und stärker ist von Borderline auszugehen.

Für Borderlinerinnen und Borderliner gibt es sowohl gute als auch schlechte Nachrichten: Die gute Nachricht ist, dass sich die Symptome im Alter meistens deutlich reduzieren (vielleicht ist das diese berühmt-berüchtigte »Weisheit«).

Die schlechte Nachricht ist, dass diese Persönlichkeitsstörung schwer behandelbar ist und dass sie häufig mit ebenfalls nicht so erfreulichen Sachen wie Depressivität, Narzissmus, Substanzmissbrauch, dem Aufmerksamkeits-Defizits-Hyperaktivitätssyndrom (ADHS) oder einer antisozialen Persönlichkeitsstörung einhergeht.

KAPITEL 3

KOGNITIVE PSYCHOLOGIE & INTELLIGENZ-PSYCHOLOGIE

DER KOGNITIVE GEIZHALS: WARUM MEHR NACHDENKEN ALS NÖTIG?

SITZUNG 38

Worte mit »kognitiv« sind in der Psychologie ziemlich heißer Stoff. Obwohl es eigentlich nur »gedanklich« bedeutet, aber eben nach bereits erhaltenem Diplom klingt. So wollen wir uns jetzt also mit dem ersten kognitiven Phänomen befassen, nämlich dem gedanklichen Geizhals. Dieser besagt, dass wir Menschen uns nicht mehr Gedanken machen als nötig. Das Gehirn muss ja schließlich geschont werden!

Es gibt ja auch viele Dinge, über die es sich nicht so richtig nachzudenken lohnt: Warum gibt es Finanzämter? Warum liegt hier eigentlich kein Stroh? Warum darf ich nicht durch Null dividieren?

Andere Fragen könnten durchaus einen Gedanken wert sein: Gilt eigentlich der Gesellschaftsvertrag auch, obwohl niemand ihn aktiv unterschrieben hat? Hat das Leben einen Sinn, und ist dieser erkennbar? Warum tut mein Mitmensch etwas, obgleich es erkennbar nicht gut für ihn oder sie ist? Und genau bei solchen Fragen kommt der kognitive Geizhals ins Spiel. Je ausgeprägter dieser ist, umso höher ist die Unlust, sich mit solchen Fragen auseinanderzusetzen (je größer, desto mehr sei übrigens die Lektüre des Nachbarwerkes »Der Klo-Philosoph« empfohlen). Jeder Mensch hat einen kognitiven Geizhals. Allerdings ist er unterschiedlich stark ausgeprägt, das kann sich auch von Thema zu Thema unterscheiden. Bei chemischen Formeln, Programmiersprachen und technischen Details von Haushaltsgeräten ist zum Beispiel der gedankliche Geizhals des Klo-Psychologen enorm ausgeprägt.

Fazit: Unser Gehirn ist ein bisschen wie eine Festplatte. Wenn zu viel los ist, ist sie überfordert. Der Schutzmechanismus ist der gedankliche Geizhals. Allerdings kann dieser uns auch von hochinteressanten Gedanken und sogar Bildung abhalten, und unser Weltbild wird bei ausgeprägtem kognitivem Geizhals möglicherweise so komplex wie das eines bockigen Kindes.

SITZUNG 39

KURZTEST: WIE AUSGEPRÄGT IST MEIN KOGNITIVER GEIZHALS?

Frage 1: Stelle ich mir oft die Frage nach dem Sinn des Lebens?

A: Ja, das mache ich.
B: Nee, eher selten.
C: Was ist das für eine Scheißfrage, Hauptsache am Ende des Monats ist die Kohle da.

Frage 2: Frage ich mich regelmäßig, warum ich das, was ich mache, mache?

A: Ja, das reflektiere ich regelmäßig.
B: Lieber nicht, dann müsste ich wahrscheinlich kündigen.
C: Geh doch arbeiten, statt so einen Mist zu fragen.

Frage 3: Wenn ich etwas nicht verstehe, unternehme ich dann aktive Anstrengungen, um es zu verstehen?

A: Auf jeden Fall, und ich werde nicht ruhen, bis ich es verstanden hab! Auch wenn mich das Stunden meines Lebens kostet.
B: Mal ja, mal nein. Kommt darauf an, wie sehr mich das Thema tangiert.
C: Dumm fickt gut. Hab ich gehört.

Die Auflösung trägt dem gedanklichen Geizhals Rechnung: Je mehr A-Antworten, desto geringer der kognitive Geizhals. Je mehr C, desto gründlicher wird die Festplatte geschont.

DAS MODELL DER NACHDENKWAHRSCHEINLICHKEIT

SITZUNG 40

Dieses Modell heißt tatsächlich so. Es ist im Kern das, was Daniel Kahneman in seinem Buch *Schnelles Denken, langsames Denken* beschreibt. Dieses Modell dient nicht der intellektuellen Stigmatisierung von Menschen mit sehr wenigen oder nur kläglich leuchtenden Kerzen auf der Torte, sondern es geht ganz allgemein um die Frage, wann wir tatsächlich nachdenken. Also so richtig, mit dem Neocortex, und nicht nur mit dem Stammhirn.

Das Modell besagt Folgendes: Eine Information trifft auf eine Person. Relevant ist, ob die Person sowohl die Motivation als auch die Fähigkeit hat, sich mit der jeweiligen Information auseinanderzusetzen. Und hier sagt das Modell nun: Nur, wenn wir tatsächlich Bock darauf haben, uns mit etwas zu befassen, und es nicht zu kompliziert ist, dann werden wir das also auch tatsächlich tun. Es wird, wie es so schön heißt, über die zentrale Route verarbeitet. Also tatsächlich nachgedacht. Warum die Freundin trotz veränderten Verhaltens stinkig ist, wie man sich trotz des Gebots des »social distancing« nah sein kann, und was für immense Gewinne erzielt werden, indem Che Guevaras Gesicht auf T-Shirts gedruckt wird, könnten solche Nachdenkkandidaten sein.

Wenn entweder die Motivation oder die Fähigkeit nicht gegeben ist, über bestimmte Dinge nachzudenken, dann läuft das gemäß dem Modell der Nachdenkwahrscheinlichkeit automatisch über das Stammhirn. Es gibt auch Sachen, die eh klar sind, sodass ebenfalls keine Nachdenkmotivation resultiert: Zahnarzttermine sind Mist, das erste Treffen mit den Schwiegereltern komisch, und das Erstellen der Steuererklärung kann nicht unter dem Passus Vergnügungssteuer abgesetzt werden.

Das selbstwertdienliche Fazit des Klo-Psychologen lautet: Menschen unterscheiden sich grundlegend und je nach Thema darin, wie intensiv sie über etwas oder jemanden nachdenken, und das ist auch okay so. Bei den Themen, zu denen wir eine klare Meinung haben (also fast alles), haben wir wenig Nachdenkmotivation. Denn wir haben ja schon eine Meinung. Und so wirken der Bestätigungsfehler, der kognitive Geizhals und das Modell der Nachdenkwahrscheinlichkeit harmonisch zusammen, um unser Oberstübchen vor allzu viel Stress und Komplexität zu bewahren.

BESTÄTIGUNGSFEHLER

SITZUNG 41

Wir Menschen haben gerne recht. Grundlegend. Und weil wir so gern recht haben, hat uns unsere Psyche einen ordentlichen Verstärker eingebaut, nämlich den Bestätigungsfehler, auch als »confirmation bias« bekannt. Dieser ist bei Reichsbürgern, Verschwörungstheoretikern, aber auch bei einigen alten weißen Männern, die früher machtvolle Positionen bekleideten, besonders ausgeprägt.

Der Bestätigungsfehler besagt, dass wir Informationen halbwegs objektiv und neutral werten, solange wir uns zu etwas oder jemandem eine Meinung gebildet haben. Nachdem wir uns aber diese Meinung zu etwas oder jemandem gebildet haben, wollen wir natürlich recht haben und unser

Weltbild intakt halten. Um die Wahrscheinlichkeit dafür zu erhöhen, werden Informationen, die unsere Meinung und unser Weltbild stützen, besonders aufmerksam wahrgenommen und erinnert, und die Informationen, die denen widersprechen, abgewertet und verdrängt. Mittlerweile gibt es sogar einen standardmäßigen Begriff hierfür: Wir erachten etwas einfach als »fake news«.

Der Bestätigungsfehler ist sehr praktisch, weil er dazu führt, dass wir nicht alle drei Tage unser Weltbild oder unsere Einstellungen zu allen möglichen Dingen ändern müssen. Der Nachteil ist, dass er uns gern so richtig verbohrt macht und uns im schlimmsten Fall in den Echobunker (oder sogar Sektenbunker) führt. Das heißt wir schießen zwar mit unserer Meinung raus, aber haben uns so darin eingemauert, dass nichts anderes an uns herankommt. Um also den an sich sinnvollen Bestätigungsfehler richtig zu dosieren, hilft es, wenn wir uns an die Worte eines der wichtigsten Philosophen der Postmoderne, nämlich Phil Collins, erinnern: »You always need to hear both sides of the story«.

Eine Warnung noch: Der Bestätigungsfehler wird tendenziell im Alter stärker! #oldwhitemenwithconfirmationbias

DER ERSTE EINDRUCK

SITZUNG 42

Der Bestätigungsfehler hat gezeigt, wie viel der erste Eindruck ausmacht. Wir Menschen neigen nämlich dazu, uns sehr schnell einen Eindruck von anderen Menschen zu machen. Genau genommen wenige Sekunden. Der erste Eindruck richtet sich danach, wie ein Mensch aussieht, wie er riecht oder an wen sie mich erinnert, und natürlich, in welcher Stimmung ich gerade ganz allgemein bin. Das alles führt dazu, dass wir unser Gegenüber innerhalb von kürzester Zeit in eine von drei Schubladen packen, nämlich Sympathie, Antipathie oder Irrelevanz, auch bekannt als »mir egal«. Denjenigen wieder rauskommen zu lassen aus einer dieser Schubladen ist ziemlich schwierig, denn wir wollen ja schließlich gern recht haben. Dafür unternehmen wir einige gedankliche Gymnastikübungen:

Bei der Verhaltensinterpretation zweier Personen werden zum Beispiel bei gleichem Verhalten ganz unterschiedliche Adjektive verwendet. Was bei der ersten Person als durchsetzungsstark durchgeht, ist bei der zweiten Person diktatorisch. Wenn die Person in der Sympathisch-Schublade ein »verträumt« bekommt, so die zweite Person vielleicht ein »verpeilt«. Genau deshalb meinte schon Einstein, dass es leichter sei, ein Atom zu spalten als ein Vorurteil. Dennoch, und das ist das Erstaunliche, haut der erste Eindruck oft gut hin. Denn wir Menschen haben ja nicht umsonst eine Intuition, die vom ersten Tag unserer Existenz an dazulernt.

Dennoch lautet der Tipp des Klo-Psychologen: Vertraut eurem ersten Bauchgefühl, aber schließt die Schubladen nicht ab. Es wäre um die eine oder andere Freundschaft schade, die voreilig in der Unsympathisch-Schublade verendet ist.

KOGNITIVE DISSONANZ, ODER: DAS BISSCHEN SELBSTWIDERSPRUCH LÄSST SICH SCHON AUSHALTEN

SITZUNG 43

Wir Menschen wollen mit unseren eigenen Gedanken in Einklang sein. Das aber ist häufig nicht so leicht. Wenn es moralisch gerade besonders schwierig ist, könnt ihr euch immer auf Martin Luther berufen, der, auch aus eigener Erfahrung, wusste, dass der Mensch zugleich Heiliger und Sünder sei.

Es gibt ja immer mal so Brüche zwischen Einstellungen und Verhalten: Grün wählende SUV-Fahrer, Nazis am Dönerstand, auch rauchende Ärztinnen und Ärzte können hiervon ein Lied singen. All das wird in der Psychologie unter dem hochtrabenden Begriff »kognitive Dissonanz« betrachtet, also als Gedanken, die im Widerspruch zueinander stehen. Und da wir Menschen ja mit uns im Reinen sein wollen (#Konsistenzbedürfnis), ist dies ein sehr unschönes Gefühl, welches wir schnellstens loswerden wollen.

Die naheliegende Lösung: Verhaltensänderungen. Die

sind jedoch selten mit dem inneren Schweinehund vereinbar, sodass Umdeutungen und Relativierungen zu einer attraktiven Alternative werden. Gerade Raucherinnen und Raucher, die eigentlich wissen, dass es für die Gesundheit eine Art Dauercorona ist, kommen hier auf interessante Gedanken wie »Räucherware hält sich länger« oder »Meine Oma wurde doch auch 85«.

Auch dieser Mechanismus ist grundlegend eine feine Sache, weil er dafür sorgt, dass unser Weltbild halbwegs logisch und zusammenhängend bleibt. Er bringt aber leider auch echt krude Ausreden hervor statt #lifestyle #changes #4thebetter.

SITZUNG 44

DIE VERFÜGBARKEITSHEURISTIK

Verfügbarkeitsheuristik ist schon als Wort der Kracher. Generell sind Heuristiken gedankliche Schnellverfahren. So etwas wie »Bänker sind alle geldgierig«, »RTL II ist kein Bildungsfernsehen« oder »Männer sind Schweine«. Diese Schnellverfahren sind in unterschiedlichem Maße wahr, aber in jedem Fall effektiv, denn wenn pauschalisiert wird, muss mensch darüber nicht weiter nachdenken. Der kognitive Geizhals bedankt sich herzlich!

Ein psychologisch sehr interessantes gedankliches Schnellverfahren ist die Verfügbarkeitsheuristik. Diese besagt, dass wir zu jeder relevanten Schublade in unserem Kopf immer eine Person, eine Situation oder eine Gruppe verfügbar haben. Wenn ihr zum Beispiel andere Leute bittet, sich eine Farbe vorzustellen, könnt ihr sie meist verblüffen, indem ihr ratet: »Ich glaube, es ist Rot.« Stimmt in vielen Fällen und macht euch in Sekunden zum Klo-Psychologen. Dasselbe geht übrigens bei Werkzeugen mit dem »Hammer« als Antwort und bei Zahlen von 1 bis 10 mit der Zahl 7.

Neben den Gemeinsamkeiten ist psychologisch aber auch interessant, was der Inhalt der individuellen Verfügbarkeitsheuristik ist. Denn wenn bei der Frage nach einer sehr liebenswerten Person nicht der Partner oder die Partnerin auftaucht, lässt das natürlich tief blicken ...

DER FUNDAMENTALE ZUSCHREIBUNGSFEHLER

SITZUNG 45

Schon der gute Kurt Lewin hat ja festgestellt, dass menschliches Verhalten entweder etwas mit der Persönlichkeit des Gegenübers zu tun hat oder mit der Situation. Entscheidend ist aber natürlich, was gerade der Fall ist.

Wenn also der Göttergatte schlecht gelaunt ist, dann kann es einerseits am miesmuffligen Temperament liegen, aber auch daran, dass der Abwasch sich schon seit einer Woche stapelt, zu leben beginnt und auch mehrfache Hinweise diesbezüglich gekonnt ignoriert wurden.

Nun haben wir ja bereits in einer früheren Sitzung gelernt, dass wir Menschen kognitive Geizhälse sind (Wehe ihr habt das vergessen! Obwohl ... ihr könnt ja nichts für eure geizigen Gehirne). Wenn wir uns nun also in der Ursachenerklärung für menschliches Verhalten zwischen der Persönlichkeit und der Situation entscheiden müssen, so entscheiden wir uns generell für die Persönlichkeit. X hat so gehandelt, weil er so ist, nicht weil die Umstände so waren. Dass Richard beim Vortrag die Arme verschränkt, liegt natürlich daran, dass er ein Stinkstiefel ist, und nicht daran, dass ihm kalt ist.

Dass es in der Nachbarswohnung zu laut ist, liegt selbstverständlich daran, dass der Nachbar ein rücksichtsloses ********* ist (vielleicht auch ein ***********). Dass er gerade seine schwierigen Verwandten bekocht (die sich lautstark über dieses und jenes beschweren) und unser Mitgefühl verdient hätte, erscheint uns eher unplausibel.

Weil die Situation sich oft ändert, ist es schwieriger, sie als Grundlage für Verhaltenserklärung zu benutzen. Sie setzt vor allem auch voraus, dass wir selbst die Situation richtig erkannt und eingeschätzt haben. **Hier warnt der Klo-Psychologe: Das ist oft eine sehr zweifelhafte Annahme!**

Verhalten mit der Persönlichkeit zu erklären, ist hingegen viel einfacher, weil sie viel stabiler ist. Es fallen dann gern Sätze wie »Der ist halt so«, »Die war schon immer so«. Bei Chefs heißt es auch gern »Der/die ist geeignet« oder eben »Der/die kann es nicht«. Das heißt Verhaltenserklärungen, die über die Persönlichkeit laufen, sind kognitiv deutlich weniger anspruchsvoll. Und weil wir kognitive Geizhälse sind, bevorzugen wir systematisch diese Art der Erklärung. Genau das nennt man in der Psychologie dann den fundamentalen Attributionsfehler.

SITZUNG 46

ATTRIBUTIONSSTILE: WER IST SCHULD, ICH ODER DIE ANDEREN?

Worauf wir Erfolg und Misserfolg zurückführen, ist eine hochrelevante Frage. Wenn das Date lief, waren wir wohl witzig, charmant und aufmerksam. Oder hatte der/die andere schlicht keine relevante Alternative? Je nachdem, wie wir diese Fragen beantworten, lässt das auf unsere Gefühlslage schließen (und auf unser Selbstwertgefühl). Solche Ursachenzuschreibungen werden in der Psychologie als Attributionen bezeichnet.

Grundlegend geht man bei den Attributionsstilen von folgendem 2 × 2-Schema aus: Liegt es an mir oder an der Umwelt (also Person oder Situation, siehe letzte Sitzung)? Und ist die Ursache stabil oder veränderlich? Daraus ergibt sich folgendes Ursachenzuschreibungsschema:

	Intern	**Extern**
Stabil	Fähigkeit	Aufgabe
Variabel	Anstrengung	Glück / Pech

Mal ein Beispiel: Wir kriegen den Job, den wir schon immer haben wollten:

	Intern	**Extern**
Stabil	Ich bin halt ein geiler Typ, das habe ich schon immer gewusst. Jetzt wissen es auch die anderen.	Wäre doch gelacht, wenn ich das nicht im x-ten. Anlauf hinbekommen hätte.
Variabel	Ich hab mich echt reingekniet, das ist jetzt der faire Lohn für die ganzen Mühen.	Das war reines Glück und hatte nix mit mir zu tun.

Im Misserfolgsfalle (kein Traumjob) sähe das dann etwa so aus:

	Intern	Extern
Stabil	An mir und meinen Fähigkeiten kann es nicht gelegen haben, völlig ausgeschlossen.	Das war doch schon vorher ausgekungelt, wer den Job kriegt.
Variabel	Natürlich habe ich alles getan, was ich konnte. Wenn die anderen zu blöd sind, das zu erkennen, dann ist das nicht mein Problem.	Was kann ich dafür, dass denen mein Gesicht nicht gepasst hat.

SITZUNG 47

MENSCHLICHE INFORMATIONSVERARBEITUNG – DER ELEFANT UND SEIN REITER

Es gibt eine herrliche Metapher von Jonathan Haidt, die wirklich gut erklärt, wie menschliche Informationsverarbeitung funktioniert: Sie sieht unser Unbewusstes als Elefanten und unser Bewusstsein als seinen Reiter. Für diese Metapher gibt es interessanterweise gleich drei Begründungen.

Erstens die schiere Masse: Ein Elefant wiegt mehr als zwei Tonnen, ein Mensch meist zwischen 60 und 100 Kilogramm (Ausnahmen bestätigen die Regel!). Wir wissen mittlerweile, dass wir weniger als zehn Prozent aller Informationen bewusst verarbeiten. Die Massivität des Unbewussten lässt sich also gut mit der Masse des Elefanten anschaulich darstellen.

Zweitens haben Elefanten ein sehr gutes Gedächtnis: Sie können sich Wasserquellen, aber auch soziale Interaktionen teils jahrzehntelang merken. Genau wie unser Unbewusstes, das ja leider auch noch viel zu viel aus der Kindheit weiß ...

Drittens sind Elefanten grundlegend gechillt: Aber wenn sie erst einmal wütend, zornig oder aufgebracht sind, gibt es erst einmal so schnell kein Halten mehr. Wenn ihr abends einschlafen wollt und schwere Gedanken habt, dann wisst ihr, was ein Elefant namens »Unbewusstes in Fahrt« konkret bedeutet.

Dieses Modell der Informationsverarbeitung besagt also Folgendes: Am Anfang steht die Information, auf diese folgt die primäre Intuition (also der Elefant) und erst dann die nachträgliche Rationalisierung (also der Reiter). Konkret können wir uns das so vorstellen: Wenn wir einen Menschen das erste Mal sehen, dann rennt der Elefant in Richtung Sympathie, Antipathie oder Indifferenz. Weil wir natürlich recht behalten wollen, entsteht aus unserem Konsistenzbedürfnis ein Bestätigungsfehler. Diesen macht das Bewusste zum Pressesprecher des Unbewussten. Es wird dann gern der Teil herausgepickt und betont, der zum ersten Eindruck und bereits gefällten Urteil passt.

Und weil ein Pressesprecher ja auch bei Kritiken und Einwänden die Aufgabe hat, den eigenen Standpunkt zu verteidigen und sich nicht von anderen Meinungen irritieren zu lassen, ergibt sich aus der Reiter-Elefant-Metapher eine wichtige Konsequenz für das Überzeugen anderer Menschen: die begrenzte Wirkung von Fakten. Deshalb ist es so wichtig, in Bildern und Werten zu sprechen, denn diese beeindrucken sogar den schwer zu reitenden Elefanten.

SITZUNG 48

DER IQ, ODER »INTELLIGENZ IST, WAS DER INTELLIGENZTEST MISST«

Natürlich sind wir alle intelligent. Jedenfalls denken wir das von uns selbst. Um diese waghalsige Behauptung zu überprüfen, gibt es wissenschaftlich abgesicherte Intelligenztests.

Aus psychologischer Perspektive ist Intelligenz, gemessen über den IQ, eine ziemlich feine Sache. Ein intelligenter Mensch lebt nachweislich länger und gesünder, ist erfolgreicher, verdient mehr Kohle, ist (entgegen alltagspsychologischen Anekdoten) auch sozial kompetenter und kann sich vor allem schnell in neue und unterschiedliche Sachverhalte reindenken und reinarbeiten.

Denn schon der Begriff der Intelligenz leitet sich (#Klugscheißer #showlatein) vom lateinischen Verb »intellegere« ab, was so viel heißt wie »begreifen« oder »verstehen«.

Der Witz ist allerdings, dass nach wie vor nicht so richtig geklärt ist, was Intelligenz eigentlich so ganz genau ist. Dies wiederum führt zu einer der legendärsten Definitionen, welche die Psychologie bereithält: »Intelligenz ist, was der Intelligenztest misst« ☺. Das klingt erst einmal abgefahren, ist aber letztlich psychologischer Standard, denn jede Theorie wird ja irgendwie (und zwar meist mit Fragebögen) gemessen.

Das heißt aber auch, dass der Wert in einem Test nicht eins zu eins mit dem aus einem anderen Test vergleichbar ist. Für euch bedeutet das: Schaut euch an, wo der Schwerpunkt eines Tests liegt, und wählt dann den für euch passenden aus ☺.

Hinzu kommt Folgendes: Wenn ich ein paarmal solche Intelligenztests gemacht habe, dann wird mein Wert tendenziell besser, was natürlich die Ergebnisse etwas verfälscht, woraus sich folgern lässt: Intelligenz ist nicht in Stein gemeißelt, sondern durch die Lebensführung veränderbar. Ein monotoner und stupider Job, zu viel Privatfernsehen, dauerhafte Drogenpartys mit Mischkonsum und eine Bücherallergie sind dem IQ eher abträglich. Ein abwechslungsreicher und geistig fordernder Job und lebenslanges Lernen als gelebte Realität sind ihm hingegen sehr zuträglich.

DIE THEORIE MULTIPLER INTELLIGENZEN

SITZUNG 49

Dass bei unterschiedlichen Intelligenztests unterschiedliche Ergebnisse herauskommen, könnte sich darauf zurückführen lassen, dass es nicht die eine Intelligenz gibt. So hat Howard Gardner in den 1980ern die Theorie multipler Intelligenzen aufgestellt, in der er sieben Intelligenzen ausmacht:

1) **sprachlich-linguistische Intelligenz:** Ich kann mit meinen Worten ordentlich klugscheißen und andere Klugscheißer verstehen!

2) **logisch-mathematische Intelligenz:** Die Formeln haben Angst vor mir, nicht ich vor ihnen!

3) **musikalisch-rhythmische Intelligenz:** Ich erkenne den Grundschlag und halte Mozart nicht für eine Schokolade!

4) **bildlich-räumliche Intelligenz:** Ich kann einparken und die Straßenkarte lesen!

5) **körperlich-kinästhetische Intelligenz:** Ich weiß, wie ich mich zu bewegen habe, kann meinen Namen tanzen und bin kein Körperklaus!

6) **interpersonale Intelligenz:** Ich weiß wirklich, was in anderen vorgeht. Diese Form der Intelligenz steigt durch die Lektüre des Klo-Psychologen automatisch!

7) **intrapersonale Intelligenz:** Ich kenne meine eigenen Stimmungen, Stärken, Schwächen, Motive und Charakterzüge. Auch dies sollte durch die Lektüre des Klo-Psychologen besser geworden sein, jedenfalls wenn ihr die vorherigen Sitzungen aufmerksam gelesen und tatsächlich darüber nachgedacht habt!

So eine Theorie multipler Intelligenzen ist doch fancy und hat auch was Befreiendes. Es gibt nicht die eine Zahl, die einen in irgendeine Schublade (normal, klug, doof) steckt. Irgendeine von den sieben Teilintelligenzen wird sich schon finden, um das eigene Selbstwertgefühl zu steigern.

Das Problem ist nur: Das lässt sich wissenschaftlich alles nicht so richtig zeigen und bestätigen. Daher verbleiben wir hier eher im Bereich des Spekulativen. Aber dadurch, dass es etwas Empowerndes hat, dass innerhalb der Theorie multipler Intelligenzen auch ein geistig blindes Huhn immer mal ein Korn findet, hat dieses Konzept insbesondere in der Pädagogik gepunktet.

EMOTIONALE INTELLIGENZ, DER NICHT MEHR GANZ SO NEUESTE SCHREI

SITZUNG 50

Seit Daniel Goleman das Konzept der emotionalen Intelligenz in den Achtzigern propagiert hat, wurde deutlich: Menschen, die einfach nur im Sinne eines hohen IQ intelligent sind, die allerdings das Einfühlungsvermögen einer Schrottwalze haben, sind trotzdem nicht wirklich intelligent.

Denn gemäß der Theorie emotionaler Intelligenz besteht Klugheit besonders darin, zu überlegen, was mein Verhalten in anderen (und natürlich auch in mir selbst) auslöst. Daher könnte diese Intelligenz auch als soziale Intelligenz bezeichnet werden. Ein emotional intelligenter Mensch, der eine Party schmeißt, bekommt mit, wenn ein anderer Mensch sich langweilt oder in der Ecke steht, und würde diesen Menschen anderen vorstellen und in Runden integrieren. Ein emotional weniger intelligenter Mensch würde sich eher denken »Selbst Schuld« oder »Wer hat den/die denn eingeladen/mitgebracht?« oder die Existenz jener Person schlicht übersehen.

Hier die Top-Tipps vom Klo-Psychologen, um euren EQ zu steigern:

1. Unterhaltet euch mit unterschiedlichen Leuten. Immer dieselben Meinungen und Perspektiven bringen einen nicht so voran.
2. Hört richtig zu, und fühlt euch ein in das, was der andere Mensch sagt. Geheucheltes Interesse stärkt die emotionale Intelligenz nicht, ehrliches schon.
3. Versucht (beste Übung!), Sachen aus der Perspektive eures Gesprächspartners zu betrachten. Wie kommt er oder sie zu dieser Ansicht? Gerade diese Empathie, diese Fähigkeit, Perspektiven zu übernehmen, schärft die emotionale Intelligenz enorm.
4. Hört auch immer mal darauf, wie es euch selbst so geht. Emotionale Intelligenz ist von der Idee her zweiseitig (Wie geht es mir?, Wie den anderen?).
5. Die Befundlage ist uneinheitlich, aber es gibt zumindest Hinweise, dass auch Romane und klassische Literatur helfen. Denn es sind ja häufig komplexe Charaktere und Konstellationen enthalten. Und hier gilt: Wenn Shakespeare und Goethe lesen nicht nur dazu dient, besonders gebildet zu erscheinen (Klugscheißerbegriff: Distinktionsgewinn), sondern es auch eine gewisse Wahrscheinlichkeit gibt, dadurch nicht nur klüger, sondern auch emotional intelligenter zu werden, ist das doch 'ne feine Sache.

SIND WIR NICHT ALLE HOCHBEGABT?

SITZUNG 51

NEIN!

Genau genommen beträgt die Wahrscheinlichkeit dafür lediglich zwei Prozent, jedenfalls wenn es um Hochbegabung im Sinne hoher Intelligenz, also einem IQ von über 130, geht. Im Lauf der Zeit wird die Menschheit aber immer intelligenter. Durch mehr Bildung, anregendere Umweltbedingungen und bessere Ernährung hat sich unser IQ erhöht, seit dem Zweiten Weltkrieg pro Jahrzehnt sogar durchschnittlich um drei IQ-Punkte. Das hat sich jetzt seit den 2000er-Jahren zwar abgeflacht (Gründe hierfür sind wohl RTL II sowie diverse Unterhaltungselektronik), ist aber in den Schwellenländern durchaus noch beobachtbar. Daraus resultierend müsste es doch so sein, dass immer mehr Menschen hochbegabt sind. Aber Schisschen: Intelligenz ist, wie jede Persönlichkeitseigenschaft, relational, das heißt sie wird im Verhältnis zu anderen eingeschätzt. Und wenn alle im Schnitt klüger werden, dann werden wir auch nicht vergleichsweise intelligenter.

Bei Eltern, die felsenfest davon überzeugt sind, dass ihr Kind hochbegabt ist, kann dies

A) tatsächlich so sein, ist aber eher unwahrscheinlich (siehe oben);

B) ein narzisstisch, selbstbezogener Fehlschluss sein: Wenn ich schon so unglaublich klug bin, wie klug ist dann mein Kind erst?

SITZUNG

52

GENIE UND WAHNSINN? DIE TERMAN-STUDIE

Unglaublich, aber wahr: Die Verbindung zwischen Genie und Wahnsinn ist womöglich nicht mehr als eine hollywoodreife Geschichte, die man sich erzählt, damit einige alte weiße Männer nicht anfangen müssen, sich bei intellektuellen und künstlerischen Hochleistungen auch noch um anständiges Verhalten zu bemühen. Denn: Empirisch belegen lässt sich das alles nicht.

Eine legendäre Längsschnittstudie, die sogenannte »Terman study of the gifted« (was für ein toller Titel ☺), hat sich angeschaut, wie sich der Lebensweg von intelligenten Menschen im Vergleich zu kognitiven Normalos so entwickelt. Und das Ergebnis war: ziemlich gut. Sie sind körperlich und psychisch gesünder, beruflich erfolgreicher, haben (erwartbar) deutlich höhere akademische Abschlüsse und Erfolge und scheinen auch sozial gut eingebunden zu sein. Auch die Scheidungsrate ist nicht erhöht. Dies kann allerdings damit zu tun haben, dass gerade in den USA Scheidungen verdammt teuer sind, weshalb es ziemlich schlau ist, zusammenzubleiben.

Kurzum: Intelligente Menschen sind nicht automatisch pathologisch, eher im Gegenteil.

Einen interessanten Forschungsbericht aus dem Bereich der Führungsforschung solltet ihr jedoch kennen: Grundsätzlich gilt, dass intelligente Menschen die besseren und erfolgreicheren Führungskräfte sind (#keineWitzeüberdasweißeHauseswarenschonzuviele). Allerdings zeigt sich, dass der Führungserfolg abnimmt, wenn die Führungskraft deutlich intelligenter (mind. 20 IQ-Punkte) ist als das Team. Denn dann kann das Team oft den geistigen Höhenflügen des Anführers bzw. der Anführerin nicht mehr folgen und macht irgendwelchen Murks.

DAS ARBEITSGEDÄCHTNIS, DIE GEILE SAU!

SITZUNG 53

Wir Menschen haben verschiedene Arten von Gedächtnissen. So wird zwischen dem unterschieden, was unser Welt- und Faktenwissen ausmacht (deklaratives Gedächtnis) und dem, was unmittelbar mit uns und unseren persönlichen Erinnerungen zu tun hat (biografisches Gedächtnis). Dies kann manchmal auch lückenhaft sein, dafür ist im deklarativen Gedächtnis das Wort »Filmriss« gespeichert.

Allerdings wird auch zwischen dem Kurzzeitgedächtnis, dem Arbeitsgedächtnis und dem Langzeitgedächtnis unterschieden. Das Kurzzeitgedächtnis ist nur für die unmittelbaren geistigen Abläufe zuständig, das Langzeitgedächtnis für das, was wir uns langfristig gemerkt haben, und das Arbeitsgedächtnis ist der Zwischenschritt. Es hilft uns beim Problemlösen, beim Abspeichern von Wissen, beim logischen Denken, aber auch bei der Handlungssteuerung und Zielabwägung.

Wie ausgeprägt die Kapazitätsgrenzen des Arbeitsgedächtnisses sind, steht in direktem Verhältnis zu unserer Intelligenz: Je mehr wir gleichzeitig bedenken und gedanklich verarbeiten können, desto intelligenter sind wir. Daher überrascht es auch nicht, dass es erste Studien gibt, die nahelegen, dass Frauen im Durchschnitt etwas intelligenter sind als Männer.

Vor allem ist aber wichtig: Das Arbeitsgedächtnis lässt sich trainieren. Der Psychologe Raymond Cattell hat die fluide Intelligenz (also Arbeitsgedächtnis, Konzentrations- und Wahrnehmungsfähigkeit) von der kristallinen Intelligenz (unserem gespeicherten Weltwissen) unterschieden. Und hier machte er, zur Freude aller BWLer, die Investitionshypothese: Je mehr wir unsere fluide Intelligenz investieren, desto mehr kristalline Intelligenz kommt am Ende bei raus.

So ein bisschen ist das wie bei der Stahlproduktion. Je mehr an flüssigem Stahl (also heißen Gedanken) wir am Kochen halten, desto mehr geronnener Stahl kommt raus.

Und merkt euch: Investitionen mittels des Arbeitsgedächtnisses in Wissen bringen deutlich mehr als das klassische Sparbuch.

KAPITEL 4

KOMMUNIKATIONS-PSYCHOLOGIE

CARL ROGERS

SITZUNG 54

Der kleine Carl hatte ein einschneidendes Erlebnis, welches seine Gedanken über Menschen und später die von ihm entwickelte klientenzentrierte Psychotherapie prägen sollte.

Ganz zu Beginn des 20. Jahrhunderts sah Carl als Kind immer wieder, wie im Kartoffelkeller der Eltern Kartoffeln keimten und die Schösslinge sich zum einzigen Fenster hinstreckten, in der Hoffnung, zum Licht zu gelangen und endlich eine Pflanze zu werden. Daraus schlussfolgerte der erwachsene Rogers dann, dass auch Menschen unter den objektiv beschissensten Bedingungen immer noch nach Selbstverwirklichung und persönlicher Entwicklung streben würden und sollten. Die Aufgabe der Psychologie und Psychotherapie sei es wiederum, sie auf diesem Weg zu begleiten. Das war ein mutiger, optimistischer und zukunftsweisender Gedanke. Zwar hatte ihn sinngemäß Aristoteles auch schon, aber das war schon so lange her, dass sich niemand mehr erinnerte.

Carl Rogers hat jedenfalls Generationen von Psychotherapeutinnen, Sozialpädagogen und Menschen, die Stuhlkreise mögen, hochgradig inspiriert. Sein Glaube an menschliches Wachstum mag naiv scheinen, aber funktional ist er definitiv. Zudem sind seine Prinzipien, wie man mit anderen kommunizieren sollte, wohl zeitlos gültig und voller psychologischer Weisheit.

AKTIVES ZUHÖREN

SITZUNG 55

Viele Menschen sind der Auffassung, dass Zuhören ganz einfach ist. Ohren auf, und los gehts. Carl Rogers hat jedoch eine Technik mitgeprägt, mit der ihr von euren Gesprächspartnern garantiert das Klo-Psychologie-Diplom zuerkannt bekommt, mit Telefonnummern und Visitenkarten überschüttet werdet und garantiert deutlich mehr von anderen erfahrt, als ihr eigentlich wissen wolltet. Diese Technik wird »aktives Zuhören« genannt.

Sie besteht im Kern darin, freundlich und geduldig zuzuhören, auf Wertungen zu verzichten, das Gesagte immer mal wieder mit eigenen Worten zusammenzufassen (das berühmt-berüchtigte »Periphrasieren«) und immer mal wieder zu nicken. Die inneren Haltungen, die damit einhergehen sollen, sind Empathie (das tatsächliche Einfühlen in den anderen), Akzeptanz und Wertschätzung. Das können nicht nur Sozialarbeiter, das können wir alle. Und würden wir es häufiger tun, bräuchten wir weniger Sozialarbeiterinnen und Sozialarbeiter.

Denn aktives Zuhören erfüllt die tiefen psychologischen Bedürfnisse nach Anerkennung, nach Resonanz auf das Gesagte und nach Authentizität. Daher ist es wirklich ein Wundermittel der Kommunikation.

Lasst euch jedoch vom Klo-Psychologen gesagt sein: Die äußeren Techniken sind zwar leicht gelernt, die innere Haltung aber nicht. Sie setzt persönliche Güte, Perspektivübernahme und echtes Interesse am anderen voraus. Genau das lässt sich nicht so einfach erlernen.

SITZUNG 56

DAS VIER-OHREN-MODELL

Niklas Luhmann, seines Zeichens Soziologe, sagte einst den schönen Satz: »Kommunikation ist riskant.« Denn es besteht die Gefahr, sich misszuverstehen. Das Vier-Ohren-Modell ist der absolute Klassiker in Kommunikationstrainings und steckt voll psychologischer Weisheit. Es besagt ganz grundlegend, dass jede sprachliche Nachricht vier Ebenen hat:

SITZUNG 57

DIE FÜNF AXIOME DER KOMMUNIKATION

Paul Watzlawick war nicht nur ein hervorragender Psychologe, sondern auch ein krasser Typ. Er hat die Kommunikationspsychologie entscheidend geprägt, sowie den philosophischen Konstruktivismus. Und er hat aufgezeigt, dass Kommunikation oft paradox ist. Dass uns das heute selbstverständlich erscheint, ist wesentlich Watzlawicks Verdienst. Mit seinen fünf Axiomen der Kommunikation hat er das Verständnis der Kommunikationspsychologie ganz wesentlich geprägt. Dabei handelt es sich um unbewiesene Annahmen (so wie in der Mathematik, dass man nicht durch null teilen kann, sonst Error 404), die er über Kommunikation anstellt. Das ist ein starker theoretischer Move, denn was man nicht beweisen kann, kann auch nicht widerlegt werden und bleibt zeitlos aktuell ☺. Zurück zu den fünf Axiomen. Sie sind so etwas wie die fünf Grundgesetzartikel der Kommunikationspsychologie, klingen aber ganz schön akademisch:

1. »Man kann nicht nicht kommunizieren«
2. »Jede Kommunikation hat eine Inhalts- und eine Beziehungsebene, wobei Letztere die Erstere bestimmt«
3. »Die Natur einer Beziehung ist durch die Interpunktion der Kommunikationsabläufe seitens der Partner bedingt«
4. »Menschliche Kommunikation bedient sich analoger und digitaler Modalitäten«
5. »Zwischenmenschliche Kommunikationsabläufe sind entweder symmetrisch oder komplementär, je nachdem ob die Beziehung zwischen den Partnern auf Gleichgewicht oder auf Unterschiedlichkeit beruht«

Genau deshalb macht der Klo-Psychologe hier mal eine Übersetzung:

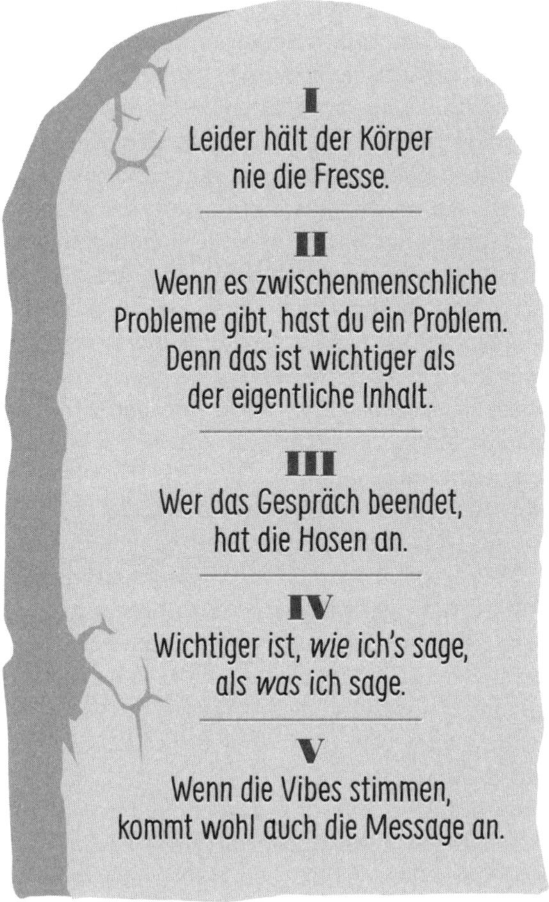

SITZUNG 58

SYMPATHIE UND ANTIPATHIE

Wir ordnen Menschen sehr schnell emotional ein. Genau genommen schon nach wenigen Sekunden. Wir können bestimmte Menschen sympathisch finden, andere unsympathisch, und manche Menschen tangieren uns tatsächlich peripher. Doch wie kommt es eigentlich zur Sympathie? Aus der griechischen Wortherkunft geht es um geteilte Leidenschaften, um gemeinsames Leid. Daraus lässt sich ein psychologisches Grundgesetz ableiten: Gemeinsamkeiten stiften Sympathie. Menschen, mit denen wir den gleichen Musikgeschmack teilen, mit denen wir in unseren Grundwerten übereinstimmen, gleiche politische Ansichten haben, finden wir für gewöhnlich sehr sympathisch. Schon wenn wir im Urlaub zufällig Menschen aus unserer Region oder gar unserem Ort treffen, werden wir diese Person zunächst einmal sympathisch finden (ob bei näherem Kennenlernen dann immer noch, wird sich zeigen). Auch mögen wir für gewöhnlich Menschen, die Teil einer Gruppe mit uns sind (was aber nicht unbedingt auch auf Familien zutrifft ☺). Warum ist das so? Weil wir Gemeinsamkeiten als Anerkennung der eigenen Persönlichkeit verstehen, wir Anerkennung schätzen und damit die Personen schätzen, die uns anerkennen. Also: Metaller mögen Metaller, aber Metaller mögen nicht unbedingt Technofans.

Antipathie hingegen gründet sich wesentlich in Unterschieden, in Ablehnung, aber natürlich auch in negativen Erfahrungen, die wir mit einer Person gemacht haben. Wer uns blöde kam, ist automatisch unsympathisch. Wenn Veganer auf Menschen treffen, denen ihr Nackensteak heilig ist, wird das emotionale Resultat konsequenterweise Antipathie sein. Daraus ergibt sich für die Frage von Sympathie und Antipathie folgende einfache Faustregel: Wenn wir mit jemand anderem etwas gemeinsam haben, finden wir die

Person sympathisch, und Teil einer sozialen Gruppe zu sein, erhöht diese Wahrscheinlichkeit ebenfalls.

> **Rat des Klo-Psychologen:**
> Wenn ihr wollt, dass die andere Person euch sympathisch findet, googelt sie vorher und sprecht bewusst Dinge an, die ihr gemeinsam habt. Aber bitte dabei nicht creepy werden.

DAS JOHARI-FENSTER UND DIE SELBSTBILD-FREMDBILD-DISKREPANZ

SITZUNG 59

Stellen wir uns mal vor, es gäbe eine Welt, in der das, was wir über uns denken, genau mit dem übereinstimmt, was die anderen über uns denken. Es gäbe deutlich weniger Missverständnisse, alle hätten eine unfassbar gute Selbst- und Menschenkenntnis, und es bräuchte auch kein Psychologiestudium mehr.

Nur: Wäre das nicht unfassbar langweilig? Denn gerade diese Unterschiede in der Selbst- und Fremdwahrnehmung, das Überraschende, das nicht Vorhersehbare machen die Interaktion mit anderen und das Leben selbst erst spannend.

Um genau diese Unterschiede greifbar zu machen, gibt es in der Kommunikationspsychologie ein wunderschönes Modell, das Johari-Fenster. Dieses wurde von den beiden amerikanischen Sozialpsychologen Joseph Luft und Harry Ingham begründet (Jo + Harry = Johari).

Auf den ersten Blick sehr einfach, steckt es auf den zweiten Blick voller psychologischer Weisheit:

	Mir bekannt	Mir unbekannt
Anderen bekannt	Öffentliche Person	Blinder Fleck
Anderen unbekannt	Persönliches Geheimnis	Unbekanntes

Es wird also unterschieden, ob mir selbst etwas über mich bekannt ist oder nicht, und ob es anderen bekannt ist oder nicht. Je mehr (ehrliches) Feedback ich von anderen bekomme, desto kleiner wird mein blinder Fleck und umso größer die öffentliche Person, also das, was ich über mich weiß, was aber zugleich auch allen anderen klar ist. Als wir früher Wahrheit oder Pflicht gespielt haben, wurde für gewöhnlich das persönliche Geheimnis kleiner, jedenfalls dann, wenn man nicht dauernd Trinken, Tanzen oder Knutschen wollte …

Folgende Beispiele sollen einmal illustrieren, was mit diesen einzelnen Bereichen gemeint sein könnte. Etwaige Analogien zum realen Klo-Psychologen sind selbstverständlich inexistent.

Öffentliche Person:

	Mir bekannt	Mir unbekannt
Anderen bekannt	Ich rede zu schnell und auch zu viel, und ich weiß das auch, und die anderen sowieso.	Manch eine Formulierung meinerseits ist vielleicht unsensibel.
Anderen unbekannt	Heule bei *Vermisst* öfter mal allein vorm Fernseher.	Ist ja unbekannt, also keine Aussage möglich.

Möglicherweise kommt man mittels Hypnose oder einer ausgedehnten Psychoanalyse auch an das Unbekannte heran. Der große Wert des Johari-Fensters ist aber der, dass es überhaupt einen Diskurs über Unterschiede in der Selbst- und Fremdwahrnehmung ermöglicht (wer sagt einem so was schon im Alltag, außer mit 3/8 im Turm). Und dass es aufzeigt, wie Selbsterkenntnis als Voraussetzung für Persönlichkeitsentwicklung gelingen kann.

KAPITEL 5

MOTIVATIONS-PSYCHOLOGIE & POSITIVE PSYCHOLOGIE

GRUNDLAGEN DER MOTIVATIONSPSYCHOLOGIE

SITZUNG 60

Der Begriff der Motivation meint ursprünglich sowohl Bewegen als auch Beeinflussen. Im Kern geht es in der Motivationspsychologie darum, zu klären, was die Beweggründe für menschliches Verhalten sind. Denn es ist spannend: Für manche sind mehrere Tage Party jenseits des Betäubungsmittelgesetzes die höchste Form der Erfüllung, für andere die Pflege des Kleingartens, für wieder andere (immer noch) das Sammeln von Briefmarken. Die menschlichen Motivationen sind sehr unterschiedlich.

Im Kern aber sagen die verschiedenen Theorien der Motivationspsychologie, dass unsere Motivationstendenz von zwei Faktoren abhängt, nämlich einerseits von dem Wert, den ich einer Handlung zumesse, und andererseits davon, ob ich erwarte, dass ich die Handlung tatsächlich umsetzen kann. Daher lautet die Grundgleichung der Motivationspsychologie:

Motivation = Wert × Erwartung

Zudem gibt es die menschlichen Motive immer in der positiven Version und der Negativvariante. Manche Menschen arbeiten einfach gern und viel, weil sie richtig Bock haben (gibt es wirklich). Andere wiederum strengen sich an, damit sie ja keinen auf den Deckel bekommen und die Vorgesetze zufrieden ist. Das war als junger Mensch ja auch der einzige Grund, das Zimmer aufzuräumen!

Das heißt, es gibt jeweils eine genuin positive Motivation, aber auch die Vermeidung von Negativem kann sehr motivierend sein. Diejenigen, die etwas immer erst auf den letzten Drücker schaffen, werden das aus eigener, leidvoller Erfahrung bestätigen können. Schon im legendären studiVZ hieß es: »Ich habe ein Motivationsproblem, bis ich ein Zeitproblem habe.«

SITZUNG 61

LEISTUNGSMOTIV

Es gibt diese Menschen, die nie ihre Füße stillhalten können und die nie mit sich zufrieden sind. Die bei jedem Kartenspiel und jeder Sportart aufdrehen, sobald Punkte gezählt werden. Die gerne Sprüche klopfen wie: »Das Gute ist der Feind des Besseren«, »Stillstand ist Rückschritt« oder »Was bist du denn für ein Underperformer?«. Herzlich willkommen in der schillernden Welt des Leistungsmotivs. Sie ist die Lebensversicherung von Baumärkten, Burn-out-Kliniken, aber auch dem Kapitalismus insgesamt.

Der Kern des Leistungsmotivs ist die Verbesserung der eigenen Tüchtigkeit in Auseinandersetzung mit irgendeinem Maßstab. Das kann bei Sportlerinnen die letzte Rundenzeit sein, bei Beratern der Tagessatz und bei Eigenheimbesitzerinnen in ländlichen Gegenden die Akkuratheit des Rasens im Vergleich zum Nachbarn. Genau das ist der Kern des Leistungsmotivs, sich selbst (und andere) immer weiter zu übertreffen.

Damit geht natürlich so einiges einher. Positiv betrachtet, schaffen Menschen mit hohem Leistungsmotiv unglaublich viel. Sie kommen voran, sind oft innovativ und kreativ. Phänomene wie ein innerer Schweinehund oder die Wortkombination »Kein Bock« sind Menschen mit umfassendem Leistungsmotiv nahezu unbekannt.

Hier genau liegen aber auch die Probleme. Erstens ist Entspannung für sie ein Fremdwort, selbst wenn sie dringend geboten wäre. Zweitens wird gern auch mal vor lauter Ehrgeiz anderes, ebenfalls Wichtiges vernachlässigt (Schlafen, die eigenen Kinder, soziale Kontakte etc.). Drittens können Leistungsmotivierte per definitionem nicht zufrieden sein, denn besser geht ja immer. Und viertens haben sie häufig einen sehr hohen Eigenanspruch und übertragen diesen auch auf andere, was sie nicht gerade zu optimalen Teamplayern macht.

Tipp vom Klo-Psychologen:
Sagt doch mal zu einem Menschen mit hohem Leistungsmotiv: »Das war nicht schlecht, aber ganz ehrlich, das kannst du doch besser.« Dann springt der Motivationstiger richtig an, und ihr werdet staunen, was passiert!

MACHTMOTIV

SITZUNG 62

Macht ist ein Wort, das viele Leute meiden. Es klingt irgendwie böse, nach Hinterzimmer und Manipulation. Das kann es sein. Aber genau wie das Leistungsmotiv ist das Machtmotiv sehr ambivalent.

Personen mit hohem Machtmotiv haben vor allem eines gemeinsam: Jeder kennt sie, aber nicht jeder mag sie. Es sind Leute, die eine Bühne und auch Aufmerksamkeit brauchen. Es sind, im positiven Sinne, Menschen, die andere bewegen, motivieren und mitreißen können. Allerdings ist mit ihnen nicht gut Kirschen essen, wenn man ihren Interessen in die Quere kommt. Denn Machtmotivierte betrachten die Welt gern als ein Nullsummenspiel, gemäß dem Motto: Was ich an Macht gewinne, verlierst du (und umgekehrt, aber das ist für sie keine Option!).

Anders als oft küchenpsychologisch angenommen (davon grenzen wir uns hier in der Klo-Psychologie klar ab!), sind Menschen mit hohem Machtmotiv keine Sozialhorste mit fehlenden Kompetenzen im zwischenmenschlichen Bereich. Denn Macht bedeutet ja klassischerweise, den eigenen Willen auch gegen Widerstände durchsetzen zu können (so die Definition von Max Weber, dem alten Checker!). Um aber genau das zu schaffen, ist es sinnvoll, die ganze Klaviatur zwischenmenschlicher Interaktion angemessen einsetzen zu können, vom Schmeicheln über das rationale Überzeugen bis zum Drohen. Allerdings fehlt es ihnen manchmal an Empathie und Rücksicht, da ihnen ihre eigenen Interessen schlicht wichtiger sind.

Es gibt zwei wichtige Unterscheidungen zur Einordnung und Differenzierung des Machtmotivs. Die erste ist, ob die Macht auf andere oder auf sich selbst gerichtet ist. Extremsportler, Asketen, aber auch manche Veganer könnten in ihrem Verhalten auch dadurch motiviert sein, ihre Macht über den eigenen Körper zu empfinden. Klassischerweise ist das Machtmotiv aber auf andere gerichtet. Eine sehr schöne

Anekdote hat der Klo-Psychologe einmal persönlich erlebt: Er fragte einen Juristen, was dessen Motivation war, Jura zu studieren, und bekam zur Antwort: »Damit mir keiner ans Bein pissen kann.«

Wenn die Macht nicht auf mich, sondern auf andere gerichtet ist, entspricht dies dem, was wir uns klassischerweise unter Macht vorstellen, nämlich andere zu irgendetwas zu bewegen.

Die zweite Unterscheidung ist jedoch viel wertvoller, nämlich die Unterscheidung zwischen einem sozialisierten Machtmotiv und einem personalisierten Machtmotiv. Ein sozialisiertes Machtmotiv heißt, ein Mensch nutzt Macht als Ressource, um Ziele zu erreichen. Der Lehrer, der die Klasse ermahnt, wenn die Schülerinnen und Schüler über Tische und Bänke springen. Die Politikerin, welche die Kraft des Wortes und die Macht des Amtes nutzt. Der gute Freund, der einem ins Gewissen redet, aber eigentlich nur das Beste möchte: All das sind Beispiele eines positiven, sozialisierten Machtmotivs, und dieses ist oft produktiv und bewegt viel.

Schlimm wird es, wenn es um den Rausch an der Macht geht. Wenn die Wirkung der Macht auf die eigene Person gerichtet ist. Das Paradebeispiel ist Donald Trump, der sich damit rühmte, »A very stable genius« zu sein, und seine Pressekonferenzen zu Corona als Quotenhit feierte.

Aber auch manche Chefs, die es sogar genießen, Mitarbeiter zu demütigen oder zu feuern, sind hierfür Beispiele. Es gibt folgende psychologische Faustregel: Ein sozialisiertes Machtmotiv ist unbedenklich und sogar wünschenswert, ein personalisiertes Machtmotiv hingegen oft wenig sozial verträglich und nicht selten sogar gefährlich.

Hier noch der Tipp vom Klo-Psychologen:
So könnt ihr einen Menschen mit ausgeprägtem Machtmotiv motivieren: »Ich hoffe, Sie wissen, dass Sie mein wichtigster Mann/meine wichtigste Frau sind. Nur Ihnen traue ich die Lösung dieser Aufgabe zu. Und selbstverständlich können Sie das von Ihnen Erarbeitete dann vor der gesamten Mannschaft präsentieren.« Denn tatsächlich sind geschickt gesetzte Schmeicheleien des Egos das beste Mittel, um machtmotivierte Menschen anzuspornen. Und auch ein wenig zu manipulieren.

ANSCHLUSSMOTIV

SITZUNG 63

Von Psychopathen abgesehen, möchte jeder Mensch von anderen gemocht werden. Bei Menschen mit einem hohen Anschlussmotiv ist dieser Wunsch besonders stark ausgeprägt.

Menschen mit einem hohen Anschlussmotiv werden durch menschliche Wärme, Vertrautheit, Beziehungen zu anderen, durch Liebe und Geliebtwerden motiviert. Für sie ist das Zusammensein mit anderen Menschen per se schon motivierend. Der Satz von Sartre: »Die Hölle, das sind die anderen« ist ihnen gedanken- und wesensfremd.

Menschen, die andauernd telefonieren, sehr schlecht allein sein können und vor allem Angst haben, zurückgewiesen zu werden, haben wahrscheinlich ein hohes Anschlussmotiv. Sie sind für gewöhnlich auch freundlich und empathisch. Das Problem hierbei ist, dass sie grundsätzlich denken, dass andere Menschen genauso sind. Dieser sogenannte »selbstreferenzielle Fehlschluss« kann dazu führen, dass sie von anderen ausgenutzt werden.

Hinzu kommt, dass anschlussmotivierte Menschen Konflikte hassen wie der Teufel das Weihwasser. Sie wünschen sich zwischenmenschliche Interaktion am liebsten als permanenten Ponyhof. Aber es grast eben nicht jeder Gaul friedlich auf der Weide.

Ein psychologischer Mechanismus kommt ihnen allerdings sehr zugute: die sich selbst erfüllende Prophezeiung. Denn weil sie offen und vertrauensvoll auf andere zugehen, bekommen sie das auch oft zurück. Meist sind sie Meisterinnen und Meister des aktiven Zuhörens, denn so entstehen und intensivieren sich ja zwischenmenschliche Beziehungen.

Was das Berufliche angeht, so sind Respekt und persönliche Wertschätzung den Anschlussmotivierten sehr wichtig. Die Karriere steht aber in der Liste der Lebensprioritäten nicht an erster Stelle. Sondern Familie, Partnerschaften und Freundschaften. Und das ist für sie auch gut so.

Tipp vom Klo-Psychologen:
Wenn ihr einen anschlussmotivierten Menschen motivieren wollt, sagt einfach: »Ich mag dich.«

HANDLUNGS- UND LAGEORIENTIERUNG

SITZUNG 64

Es gibt Menschen, die erst denken und dann (vielleicht) handeln. Und es gibt Menschen, die erst handeln und dann (vielleicht) nachdenken. Genau dies ist der Kern der Theorie der Handlungs- und Lageorientierung.

Nehmen wir endlich mal eine Fußballmetapher (die ist eigentlich obligatorisch, fehlte aber bisher). Ein Stürmer, sagen wir der WM-Rekordtorschütze Miroslav Klose, sollte erstens ein gutes Stellungsspiel haben und dort stehen, wo wahrscheinlich der Pass oder die Flanke hinkommt (Miro stand meist hervorragend!). Er durfte aber auch nicht lange nachdenken, sondern sollte sinnvollerweise direkt abdrücken. Das heißt, er sollte auf schnelles, teils instinktives Handeln ausgerichtet sein. Das also, was hier als »Torinstinkt« bezeichnet wird, entspricht psychologisch der Handlungsorientierung. Es geht darum, Ziele zu erreichen, aktiv zu werden und etwas zu bewegen. Der kognitive Geizhals ist dabei umfassend ausgeprägt.

Anders ist das zum Beispiel beim Spielmacher im zentralen Mittelfeld. Ein Toni Kroos sollte überlegen, wen er als Nächstes anspielt, wohin sich das Spiel entwickeln wird. Er braucht »Auge«, das heißt, es sollte klug überlegt und dann entsprechend gehandelt werden. Genau das entspricht der Lageorientierung.

Aus dieser kleinen fußballerischen Gegenüberstellung

wird schon einmal ersichtlich, dass das eine nicht unbedingt besser ist als das andere. Zum Leben gehört natürlich beides, denn manchmal sollte man dringend überlegen, bevor man handelt (Ist ein Ehevertrag nicht doch sinnvoll, wenn mein Kontostand den Partner von Date #1 an ziemlich interessiert hat?). Generell aber haben es Menschen mit einer grundlegenden Handlungsorientierung deutlich einfacher. Wahrscheinlich auch schlicht deshalb, weil sie sich einfach weniger eine Platte machen.

Ausprägung	**Handlungs-orientierung**	**Lageorientierung**
Handeln	Schnell	Erst nach langer Abwägung
Denken	Wenig	Viel, ggf. zu viel
Fokus	Chancen	Möglichkeiten und Risiken
Umgang mit Misserfolgen	Aufstehen, Krone richten, weitermachen	Tagelang darüber nachgrübeln
Prototyp	Jeder Stürmer beim Fußball	Philosophiestudent
Schwierigkeiten	Komplexität Abwägung Risiken einschätzen	In die Gänge kommen Optimismus Selbstvertrauen

DAS VERHÄLTNIS VON EINSTELLUNGEN UND HANDELN

SITZUNG 65

Wir Menschen gehen allgemein davon aus, dass aus Einstellungen Handlungen resultieren. Vor allem Eltern hoffen sehr, dass sich die Werte, die sie ihren Kindern vermitteln, dann auch in deren Verhalten niederschlagen (und sind entsprechend oft enttäuscht, wenn das Zeugnis kommt).

Im Alltag gibt es viele Sätze, die von genau diesem Zusammenhang zwischen Einstellungen und Verhaltensweisen ausgehen: »Nur ein zufriedener Mitarbeiter ist ein motivierter Mitarbeiter«, »Wenn ich mich richtig anstrenge, dann schaffe ich das auch« oder das berühmte »Kein Alkohol in den nächsten vier Wochen« nach einer durchzechten Nacht. Das Problem bei alledem ist: So richtig stark ist der Zusammenhang von Einstellungen und Verhalten nicht wirklich. Nur weil wir uns vornehmen, etwas zu wollen, heißt das noch lange nicht, dass wir es tatsächlich wollen. Oder dass wir wirklich alle Konsequenzen unseres Wollens angemessen mitberücksichtigen. Denn viele Menschen wollen mehr Tierschutz, aber wenn die Salami bei Aldi zu teuer ist, wird es schwierig.

Psychologisch zeigt sich immer wieder, dass es eher so ist, dass unser Handeln unsere Einstellungen prägt. Wenn wir anderen helfen, finden wir das hinterher oft gut. Erst wenn wir uns richtig reingehängt haben, entwickeln wir echte Ambitionen. Der Hintergrund dessen ist ein Prinzip, wonach wir unser Handeln oft nachträglich rationalisieren. Und während wir handeln, bildet sich unsere Meinung darüber heraus, wie wir diese Handlung finden, und die wollen wir ja vor uns selbst rechtfertigen.

Das aber führt uns zu einem Sachverhalt, den schon der große Aristoteles kannte: Nicht durch Belehrung, sondern durch rechtes Handeln lernt der Mensch. Knapp zweieinhalbtausend Jahre können wir dahinter ein fettes Häkchen machen.

SITZUNG 66

ERWEITERTES KOGNITIVES MOTIVATIONSMODELL

Für euer Klo-Diplom sollt ihr ja auch etwas leisten, und deshalb kommt an dieser Stelle einmal ein Motivationsmodell für die höheren Semester, nämlich das erweiterte kognitive Motivationsmodell. Es sieht wie folgt aus:

Situation → Handlung → Ergebnis → Folgen

Nehmen wir das Beispiel einer Matheklausur. Eine hohe Situation-Ergebnis-Erwartung bedeutet im Klartext: »Ich muss nix lernen, ich bin eh der krasse Mathechecker.« Wenn das der Fall sein sollte, ist natürlich die Motivation so begrenzt wie das inhaltliche Anspruchsniveau von Mario Barth.

Eine hohe Handlungs-Ergebnis-Erwartung bedeutet: »Wenn ich mich wirklich ransetze und lerne, dann wird das auch was.« Diese Erwartung wird daher auch als Selbstwirksamkeitserwartung bezeichnet. Diese ist natürlich der Motivation förderlich. Wenn ich hingegen mit einem »Ey, ich kann die Scheiße eh nich, egal wie lange ich mich da ransetze«, dann spricht das eher für eine geringe Handlungs-Ergebnis-Erwartung und damit geringe Motivation.

Was bei der Handlung noch mit reinspielen kann, sind sogenannte Tätigkeitsanreize. Wenn man das, was man zu tun hat, gern macht, dann steigert das auch die Motivation. In unserem gewählten Beispiel ist das allerdings unplausibel.

Die Ergebnis-Folgen-Erwartung bedeutet, dass es für mich

tatsächlich relevant ist, was am Ende rauskommt. Wenn sich mein Selbstvertrauen auf Noten gründet (#Streber!), ist das der Fall, ebenso wenn ich mir sonst etwas #dumm oder #geistiglimitiert vorkomme. Wenn ich allerdings mit der zutiefst stoischen Haltung reingehe und mir sage »Mir doch ejal, ob et ne 1 oder ne 6 oder irjendwat dazwischen ist, dit jeht mir jetze am Arsch vorbei«, und wenn das tatsächlich stimmt, dann ist die Ergebnis-Folgen-Erwartung, die sogenannte Instrumentalität, sehr gering.

Aus alledem ergibt sich folgende Grundregel für menschliche Motivation:

Wenn ich glaube, dass ich handeln muss, um etwas zu erreichen, und dies sich nicht von allein einstellt,

Wenn ich glaube, dass Handeln das gewünschte Ergebnis bringt,

Wenn dieses Ergebnis für mich relevant ist,

→ dann bin ich motiviert bis in die Zehenspitzen.

Je weniger hiervon zutrifft, umso weniger motiviert bin ich. Daher kann das erweiterte gedankliche Motivationsmodell die Intensität menschlicher Motivation, die von »null Bock« bis zu »Jürgen Klopp« geht, sehr gut erklären.

MOTIVATIONALE KOMPETENZ

SITZUNG 67

Manche Menschen können sich scheinbar auf Knopfdruck motivieren und sind schon direkt nach dem Aufstehen willens, etwas zu tun. Andere nicht einmal nach dem dritten Kaffee. Gerade das berühmt-berüchtigte Prokrastinieren hängt ganz sicher damit zusammen, dass die eigene Motivation leider nackt mit einem Cocktail über die Wiese rennt.

Diese Unterschiede liegen allerdings nicht einfach nur

an der grundlegenden Motivation. Darin unterscheiden sich Menschen zwar auch. Inhaltlich spannender aber ist das Konzept der motivationalen Kompetenz. Es besagt, dass unsere inneren, unbewussten Motive mit unseren tatsächlichen, bewussten Motiven übereinstimmen sollten.

Das heißt, dass ich tatsächlich zu dem motiviert bin, was ich denke, was mich motiviert. Wenn ich mit einem hohen Machtmotiv in die Politik gehe, dann bin ich motivational kompetent. Sollte ich das mit einem hohen Leistungsmotiv tun, dann eher nicht. Bei einem hohen Leistungsmotiv spricht ein Job in der freien Wirtschaft definitiv für motivationale Kompetenz, ein Job in der Verwaltung (wo alles länger dauert und man gern ausgebremst wird) eher nicht.

Das Problem ist nur: Es ist gar nicht so leicht, herauszubekommen, was uns tatsächlich motiviert. Tagträume, das sogenannte Flow-Erleben und etwas freiwillig immer wieder zu tun, ohne dass es von mir erwartet wird, sind hier wichtige Hinweisreize.

Motivationale Kompetenz stellt also folgende Fragen:

1. **Habe ich auf das, worauf ich denke, dass ich Bock habe, auch tatsächlich Bock?**

2. **Werde ich das, was mich tatsächlich antreibt, auch in den Tätigkeiten und Kontexten wiederfinden, in denen ich aktiv bin?**

Das Besondere an motivationaler Kompetenz ist, dass sie eine sogenannte eierlegende Wollmilchsau ist. Denn sie hat ausschließlich positive Konsequenzen. Wir sind durch sie motivierter, leistungsfähiger und gesünder, physisch wie psychisch. Daher stellt sich natürlich die Frage, wie wir unseren eigentlichen, inneren Motiven auf die Schliche kommen.

Selbstreflexionstipps vom Klo-Psychologen:

1. Tagträume lügen nicht!
2. Was sagt euer bester Freund / eure beste Freundin, was euch antreibt?
3. In welchen Tätigkeiten geht ihr völlig auf?
4. Ganz wichtig: Stimmt das, wovon ihr denkt, dass es euch motiviert, mit dem überein, was ihr tun würdet, wenn ihr eine Woche Freizeit hättet und Geld keine Rolle spielt?

FLOW-ERLEBEN

SITZUNG 68

Vielleicht kennt ihr das auch, dieses völlige Aufgehen in einer Tätigkeit. Wenn man die Zeit vollkommen vergisst, alle Konzentration nur auf die aktuelle Tätigkeit gerichtet ist und man sie allein deshalb tut, weil sie Freude bereitet: Herzlich willkommen im Flow-Erleben.

Der Psychologe mit dem legendären Namen Mihály Csíkszentmihályi (wer das korrekt aussprechen kann, kriegt ein Bienchen oder Bierchen) hat dieses Konzept entwickelt. Und genau dann, wenn wir uns für etwas interessieren und gleichzeitig unsere Fähigkeiten zu den Anforderungen passen, dann sind wir im Flow. Wenn unsere Fähigkeiten größer sind als die Anforderungen, werden wir uns langweilen wie ein Profi-Skifahrer auf dem Babyhügel. Wenn die Anforderungen deutlich über unseren Fähigkeiten liegen, dann sind wir schlichtweg überfordert (so wie wahrscheinlich beim ersten Date). Aber wenn Interesse und ein angemessenes Verhältnis von Anforderungen und Kompetenzen gegeben sind, dann geht es richtig ab, stundenlang. So lassen sich

Phänomene wie Leseratten, Dauerwindsurfer und Techno-Dauerpartyeulen gut erklären.

Untersuchungen zum Flow-Zustand haben ergeben, dass Sex, Motorradfahren und Skifahren die höchste Flow-Intensität aufweisen. Allerdings war die Stichprobe, die diesen Ergebnissen zugrunde liegt, überwiegend männlich.

Interessanterweise gibt es aber sogar Leute, die beim Abwaschen oder Putzen völlig in der Tätigkeit aufgehen. Das wird dann als »Mikro-Flow« bezeichnet.

Die Theorie des Flow-Erlebens hat drei superpraktische Konsequenzen. Denn erstens könnt ihr ab sofort auf die Frage: »Was macht dich glücklich?«, antworten: »Das, was mich in den Flow-Zustand bringt.« Zweitens: Der Flow ist umso intensiver, je höher das Level ist, auf dem sich Kompetenzen und Anforderungen matchen. Wer ein Motorrad oder die Skier bei höherer Geschwindigkeit beherrscht, kennt diesen »Deep Flow« ganz sicher. Das bedeutet, Kompetenzerwerb ist nicht nur auf dem Arbeitsmarkt, sondern auch für das eigene Glückserleben sinnvoll. Und drittens, wichtig für die Selbstreflexion: Wenn ich bei einer Tätigkeit nicht wirklich in den Flow komme, dann ist sie wohl nichts für mich. Dann entspricht sie nicht meiner intrinsischen Motivation. Genau deshalb sollte ich dann, wenn ich sie nicht machen muss, etwas anderes tun, das mich viel mehr motiviert und in den Flow bringt.

PROKRASTINATION ALS NEUE LEBENSFORM

SITZUNG 69

Wenn Menschen es sprachlich intellektualisieren wollen, dass sie nicht so wirklich was auf die Reihe kriegen, dann heißt es jetzt oft: »Ich prokrastiniere.« Dies wird dann gern noch mit einer neo-bohemehaften Pose versehen, als wäre das etwas Erhabenes und nicht etwa Faulheit, der innere Schweinehund oder schlicht fehlende Willensstärke.

Kurz der sprachliche Klugscheißer: Prokrastination leitet sich aus der lateinischen Sprache ab, in der *pro* für bedeutet und *crastinum* morgen. Das heißt, wortwörtlich schiebe ich etwas auf morgen, wenn ich prokrastiniere. Das klingt zwar halb so wild, kann aber unendlich wiederholt werden ...

Viele Leute wollen eigentlich gar nicht ständig Dinge aufschieben, aber sie tun es trotzdem. Das liegt einerseits an dem höheren Tätigkeitsanreiz der Alternativen: Wenn ich die Wahl hab zwischen Klausurlernen und Party, zwischen Stand-Up-Paddling oder einer Wurzelbehandlung beim Zahnarzt, dann sind die Präferenzen relativ klar.

Ein weiterer Grund ist folgender: Wenn ich mich entscheiden muss, ob ich jetzt mit der Steuererklärung beginne oder nicht, dann geht es mir kurzfristig besser, wenn ich sie nicht beginne. Denn dann muss ich ja die ganzen damit einhergehenden unangenehmen Dinge (Belege sammeln, Fahrtenbuch führen etc.) nicht machen. Das heißt, unsere Kurzzeitpräferenz, wie dieses psychologische Phänomen heißt, wird uns immer sagen: Mach das Angenehmere. Doch dadurch löst sich die Aufgabe nicht in Luft auf, sondern wird häufig mit der Zeit unangenehmer. Erstens aufgrund des schlechten Gewissens, und zweitens, weil ein verspäteter Gang zum Zahnarzt, eine gerissene Deadline, aber auch eine zu spät eingereichte Steuererklärung irgendwann handfeste unangenehme Konsequenzen haben.

Das ist übrigens meist der Grund dafür, dass wir die Dinge am Ende dann doch tun. Nämlich exakt dann, wenn die Konsequenzen für uns subjektiv schlimmer sind als die Unlust. Je größer also die Unlust, umso länger schieben wir Sachen heraus.

Dabei sollte unser Leben, genau wie eine Wohnung, aufgeräumt sein. Und dazu gehört, Unangenehmes und Schwieriges nicht ständig hin und her zu schieben, sondern zu bearbeiten und wegzuräumen. Aber erzählt das mal euren Haustieren namens Gewohnheit und innerer Schweinehund.

SITZUNG 70

KONKRETE STRATEGIEN GEGEN AUFSCHIEBERITIS

1) **Drei-Sekunden-Regel:** Wenn ihr darüber nachdenkt, ob ihr etwas machen sollt oder nicht, denkt bitte nicht länger als drei Sekunden nach, sondern fangt einfach an. Denn die Zweifel kommen nachweislich nach drei Sekunden.
2) **Salamitaktik:** Die unangenehme Aufgabe schön wie eine Salami in einzelne Teile zerschneiden.

3) **Mutti-Strategie:** So wie Mutti uns früher mit einer Belohnung geködert hat, wenn es an eine unangenehme Aufgabe ging, belohnen wir uns heute einfach selbst.
4) **Sanktionsstrategie:** Wenn der innere Schweinehund allzu mächtig ist, dann könnt ihr mit einer anderen Person eine Sanktion vereinbaren, die eintritt, wenn ihr die Aufgabe bis zu einem bestimmten Zeitpunkt nicht erledigt habt. Vielleicht überwindet ihr eure Unlust auch schon, nur um die Wette nicht zu verlieren. Bei machtmotivierten Menschen funktioniert so was meist sehr gut.
5) **Reflexionsstrategie:** Wenn es um Fragen der Freizeitgestaltung geht, wie z.B. »Ich müsste mich endlich mal wieder mit XYZ verabreden«, bei denen ihr immer wieder ins Aufschieben kommt, dann ist das ein recht sicheres Indiz dafür, dass ihr das einfach nicht wollt. Die Strategie gegen Aufschieberits ist dann, das zu reflektieren und zu akzeptieren.
6) **Eat-the-frog-Strategie:** Wenn ihr schon morgens mit der nervigsten Aufgabe beginnt (also den Frosch esst), habt ihr das Schlimmste direkt hinter euch und alle kommenden Aufgaben wirken nur noch halb so schlimm. Die Strategie funktioniert allerdings nur für diejenigen, die morgens schon halbwegs fit sind.

SITZUNG 71

MIT DEM EISENHOWER-TABLEAU KRIEGST DU DEN TAG AUF DIE REIHE

Dwight D. Eisenhower war schon ein krasser Typ. Er war nicht nur der 34. US-Präsident, sondern auch der Oberbefehlshaber der alliierten Streitkräfte, ein ausgezeichneter Golfer und Maler, und irgendwie musste er ja alles unter einen Hut bringen. Daher wird ihm heute der Klassiker unter den Zeitmanagement-Strategien zugeschrieben, nämlich das Eisenhower-Tableau. Je nachdem wie wichtig und dringend eine Aufgabe ist, soll entschieden werden, wann und wie intensiv man diese Aufgaben erledigt:

To-do	Nicht wichtig	Wichtig
Dringend	C-Aufgabe → Nur das Nötigste machen, delegieren?	A-Aufgabe → Sofort machen!
Nicht dringend	P-Aufgabe → Für den Papierkorb; gar nicht machen, aussitzen	B-Aufgabe → Einplanen, später machen

Die wesentlichen Schwierigkeiten beim Zeitmanagement sind erstens, dass man häufig B-Aufgaben so lange liegen lässt, bis sie dann zu A-Aufgaben werden (»Ich habe ein Motivationsproblem, bis ich ein Zeitproblem habe«) und dass man doch zu viel unnützen Kram macht, also die P-Aufgaben nicht tatsächlich P-Aufgaben sein lässt.

So ein Eisenhower-Tableau könnte zum Beispiel für einen Berliner Endzwanziger wie folgt aussehen:

To-do	Nicht wichtig	Wichtig
Dringend	C-Aufgabe Instagram fluten Nach der Party Duschen Mails und Post beantworten	A-Aufgabe Lohnarbeit Zocken Friseur Longboarden In Kneipen abhängen
Nicht dringend	P-Aufgabe Vorteilhaft aussehen Früh aufstehen Mehr machen als nötig	B-Aufgabe Auf das Leben klarkommen Eigene Identität finden Wissen, was man will Mutti anrufen

DIE UNTERSCHIEDLICHEN CHRONOTYPEN

SITZUNG 72

Für manche Menschen (z.B. fast alle Teenager) ist das Aufstehen vor acht Uhr eine schwere Menschenrechtsverletzung und der Wecker ein kapitalistisches Terrorinstrument. Andere wiederum finden es undenkbar, nach 22 Uhr noch irgendeinen klaren Gedanken zu fassen. Herzlich willkommen in der Welt der Chronotypen!

Diese beinhaltet im Kern zwei grundlegend verschiedene Zeittypen, nämlich die Lerchen und die Eulen:

	Lerche = singt schon morgens schön	**Eule = guckt erst in der Nacht scharf**
Verbreitung	Ab 30 etwa 80%	Ca. 20%, in der Pubertät fast alle
Topform	Vormittags 9–12h	Abends 20–24h, je nach Grad der Euligkeit
Vorteile	Kompatibilität mit der Mehrheitsgesellschaft; haben meist tagsüber viel geschafft	Sind meist dann topfit, wenn sie selbstbestimmt sind Sind oft unter anderen Eulen
Nachteile	Gehen viel zu früh von Partys Sind meist dann müde, wenn es richtig spannend wird	Leiden sehr unter normalen Arbeitszeiten Müssen Leistung bringen, wenn sie müde sind
Geeignete Berufe	Alles auf dem Amt oder in der Bäckerei	Türsteher, Theaterschauspielerin, Barmann, Veranstaltungstechnikerin

Das Wichtigste dabei ist, den eigenen Chronotypen tatsächlich zu akzeptieren und den Alltag danach auszulegen. Aber erst ab 30, denn in der Pubertät sind wir fast alle Eulen. Wenn ihr ab 30 im Urlaub freiwillig vor acht Uhr aufsteht und gut gelaunt seid, dann könnt ihr davon ausgehen, eine Lerche zu sein. Dann wiederum könnte für euch tatsächlich Sachsen-Anhalt erste Wohnortwahl sein, denn es ist bekanntlich das Land der Frühaufsteher ...

Und wie immer bei solchen Typologien gilt: Mischformen sind möglich und die reine Lerche und die reine Eule sind eher Idealtypen.

POSITIVE PSYCHOLOGIE

SITZUNG 73

Die Psychologie war über einen sehr langen Zeitraum ziemlich negativ und hat sich mit menschlichen Schwächen und Störungen befasst. Sie war gewissermaßen der Kurt Krömer unter den Wissenschaften. Was Menschen krank, unzufrieden und seltsam macht, dazu gab es viel an Wissen. Doch dann kam Martin Seligman, wirklich ein klasse Typ, und mit ihm die Positive Psychologie. Hier wird die Frage »Was kannst du nicht?« ersetzt durch die Frage »Was kannst du?«. Es geht um persönliche Stärken, Ressourcen und Potenziale. Dafür werden negative und selbstwertverletzende Selbstaussagen gestrichen:

Ich bin dumm wie ein Knäckebrot 👎

Die einzigen Grenzen, die es wirklich gibt, sind die Grenzen in deinem Kopf 👍

Hätten meine Eltern doch nur verhütet 👎

Wenn du dich nur genügend auf das Positive fokussierst, kannst du alles Negative ausblenden 👍

Auf dem Fußballplatz wäre meine Rolle die des Pfostens 👎

Das beste Mittel gegen großen Stress ist ein breites Lächeln 👍

Für mich hat Nietzsche den Nihilismus erfunden 👎

Die Gesamtsituation ist zwar beschissen, aber es gilt dennoch: Yes, you can 👍

Mein Leben ist doch Kackulatur 👎

Tschakaa, du kannst das! 👍

SITZUNG 74

GLÜCK VS. WOHLBEFINDEN

Seligman nahm ursprünglich an, dass das Glück das oberste Ziel menschlichen Handelns ist. Er hat diese Annahme jedoch auf bemerkenswerte Weise abgeändert (und das als Erfinder der Positiven Psychologie), weil er drei Probleme sah:

1. Für manche Menschen ist Glück kaum bis gar nicht zu empfinden, z.B. Menschen mit Depressionen. Ihr Leben hätte, wenn Glück als oberstes Ziel eingesetzt wäre, keinen Sinn, was eine zutiefst inhumane Schlussfolgerung wäre.

2. Zweitens ist Glück immer ein flüchtiger Zustand, und es macht wenig Sinn, permanent einem flüchtigen Zustand hinterherzujagen (das ist etwa so wie beim Angeln, wenn kein Fisch anbeißt).

3. Drittens ist Glück so ein intensives Gefühl, dass im Vergleich dazu anderes verblasst und dementsprechend entwertet wird.

Aus diesen drei Gründen zog er die bemerkenswerte Konsequenz, dass das Ziel menschlichen Handelns nicht Glück, sondern Zufriedenheit oder Wohlbefinden sein sollte. Hierzu sagt der Klo-Psychologe: Es wäre schön, wenn noch mehr Koryphäen ihres Faches eine solche Fähigkeit zur Selbstkorrektur hätten.

ZUFRIEDENHEITSBAUKASTEN

SICH SELBST ERFÜLLENDE PROPHEZEIUNG

SITZUNG 76

Vielleicht das wichtigste Konzept der Positiven Psychologie: Es klingt sperrig, aber ist eigentlich keine zwischenmenschliche Raketenwissenschaft.

Die sich selbst erfüllende Prophezeiung sagt ganz grundsätzlich, dass, wenn ich davon ausgehe, dass ein bestimmter Sachverhalt geschieht oder Menschen sich in einer bestimmten Art und Weise verhalten werden, es mit erhöhter Wahrscheinlichkeit genauso auch geschehen wird. Das Problem ist, dass es dieses Phänomen sowohl in der Positivversion als auch in der Negativversion gibt.

Ein Beispiel für eine Negativversion: Wenn ich (wie Teenager, Satanisten und Misanthropen) davon ausgehe, dass alle Menschen scheiße sind, dann werde ich wahrscheinlich auch, wenn ich einen Menschen sehe, ein Gesicht ziehen wie ein Grinch, über dem eine Sprechblase mit der Aufschrift »töten« steht. Das nimmt die andere Person wahr, es findet eine Übertragung statt. Die Person wird dann auch ungefähr schauen wie ein Schwiegervater beim Kennenlernen des Zukünftigen. Das wiederum nehme ich wahr (Prinzip der Gegenübertragung) und fühle mich, beispielhaft bestätigt durch mein Gegenüber, in meiner Grundannahme bestätigt, dass Menschen scheiße sind. Dabei unterschlage ich allerdings erstens, dass ich gerade von einem Menschen auf alle Menschen schließe, was logisch höchst wacklig ist, und zweitens, dass ich für die Emotionen meines Gegenübers verantwortlich war. Aber wenigstens hatte ich recht ☺. Diese Freude hält allerdings nur kurz an, da ich ja subjektiv immer noch in einer Welt lebe, in der alle Menschen scheiße sind, was mich dann doch wieder runterzieht. Fazit: Lächel, und die Welt lächelt (vielleicht) zurück.

SITZUNG 77

DIE HEDONISCHE TRETMÜHLE

Unglaublich, aber wahr: Nach fünf Jahren unterscheidet sich das Glücksempfinden von Menschen, die im Lotto gewonnen haben, nicht mehr wirklich von dem, welches Menschen erleben, die eine Querschnittslähmung erleiden mussten. Anscheinend können wir uns abstrampeln, wie wir wollen, wir kommen doch fast immer wieder zu einem bestimmten Glückslevel zurück (welches wesentlich temperamentsabhängig ist). Und genau das wird als »hedonische Tretmühle« bezeichnet. Wir befinden uns zwar nicht immer an exakt demselben Punkt, aber es gibt schon so ein gewisses Glückslevel, bei dem wir uns immer wieder einpendeln. Psychologisch sehr spannend ist, was hinter dem »normal« steckt, mit dem viele Menschen die Frage beantworten, wie es ihnen geht. Sanguinikerinnen und Sanguiniker meinen dann etwa, dass ihnen heute die Sonne halb aus dem Heck scheint (gänzlich an guten Tagen), und Melancholikerinnen und Melancholiker, dass nicht alles scheiße ist (aber doch schon ziemlich viel, und überhaupt, der Weltfrieden, das Klima, der blöde Nachbar …). Genau dieses Verständnis einer normalen Stimmung beschreibt die hedonische Tretmühle ziemlich gut.

Und wir können das ja auch an uns selbst festmachen: Berührt uns emotional die letzte Gehaltserhöhung noch (na gut, hängt vielleicht von der Höhe ab)? Zieht uns der Verlust unserer Sandkastenliebe heute noch runter? Eher nicht.

Der schöne Satz »Die Zeit heilt alle Wunden«, ebenso wie das Bonmot »Man weiß Glück nur zu schätzen, wenn man weiß, was Leid ist« sind Ausdrücke der hedonischen Tretmühle. Wenn man sich darauf verlassen kann, dass die hedonische Tretmühle einen immer wieder auf das persönliche Ausgangslevel zurückholt, kann man die Dinge also ruhig etwas gelassener angehen – es ändert sich eh nicht viel. Daher der Rat des Klo-Psychologen (#inspirational): Strengt euch nicht an, glücklich zu sein. Seid es einfach.

KAPITEL 6

ENTWICKLUNGS- & EVOLUTIONS-PSYCHOLOGIE

DAS STUFENMODELL DER ENTWICKLUNGSAUFGABEN

SITZUNG 78

Die Psychologie ist ja der Philosophie entsprungen. Die Liebe zur Weisheit ist also die Kindheit der Psychologie, und diese wirkt ja bekanntlich nach. Das Modell der Phasen der psychosozialen Entwicklung nach Erik Erikson beantwortet die zutiefst philosophische Frage, wonach der Mensch streben und wohin er sich entwickeln soll, sehr klar. Es sagt sogar, wann wir uns wie entwickeln sollen, was ja ein fancy Service ist.

Das Modell besagt: Zu jeder Zeit in unserem Leben haben wir Menschen eine bestimmte Entwicklungsaufgabe, und wenn wir diese meistern, dann kommen wir mit der Persönlichkeitsentwicklung voran. Wenn nicht, sind wir im Wortsinne »hängen geblieben«. Und das wollen wir ja nicht (#fail). Mit diesem Modell werden auch die Päckchen de-

finiert, mit denen wir uns unser Leben lang beschäftigen müssen. Letztlich lässt sich dieses Stufenmodell wie ein Game des Lebens zusammenfassen:

BABY

Mission: Vertrauen fassen!

Briefing: Mama lässt uns schon nicht los, die Brust ist immer verfügbar, und die Eltern lesen mir jedes Bedürfnis von den Lippen ab (sonst wird halt gebrüllt).

Mission Fail: Wenn das nicht so läuft und sich das Urvertrauen nicht einstellt, dann ist, psychologisch gesprochen, das Kind schon ganz schön in den Brunnen gefallen.

TODDLER

Mission: Autonomie entwickeln und nicht in Scham und Zweifel verfallen!

Briefing: Bocken ist gesund! Wir sind immerhin ein eigenständiges, wenn auch kleines Wesen.

Mission Fail: Wenn wir andere für uns entscheiden lassen.

VORSCHULKIND

Mission: Initiative entwickeln.

Briefing: Spielen, toben, die Erzieherinnen zur Verzweiflung treiben, genau das ist jetzt psychisch gesund und wünschenswert.

Mission Fail: Leider können wir jetzt auch schon Schuldgefühle entwickeln, und die hauen dann auch nicht wieder ab.

SCHULKIND

Mission: Einen „Werksinn" zu entwickeln, wie Erikson es altertümlich formulierte. Aber er war eben ein Kind der Industrialisierung.

Briefing: Lernen und sich nützlich fühlen.

Mission Fail: Gefühlen von Minderwertigkeit verfallen und nix gebacken kriegen.

JUGENDLICHER

Mission: Ich-Identität aufbauen.

Mission Fail: Mit 40 immer noch nicht wissen, wer man ist.

JUNGER ERWACHSENER

Mission: Intimität (stabile Beziehungen und Bindungen aufbauen; im Klartext: Jemanden abbekommen und dann mit der Person nicht todunglücklich sein).

Mission Fail: Niemanden abbekommen und schon als vergleichsweise junger Mensch ganz schön kauzig werden.

ERWACHSENER

Mission: Generativität (etwas weitergeben, etwas Bleibendes schaffen; meist über Kinder, Beruf oder Ehrenamt)

Mission Fail: Nur an sich denken, stagnieren und gar nix weitergeben.

SENIOR

Mission: Ich-Integrität, mit Zufriedenheit auf das eigene Leben zurückblicken und die eigene Endlichkeit akzeptieren können.

Mission Fail: Verzweifelt sein und als Senior-Grinch mit dauerhaft schlechter Laune alle Mitmenschen terrorisieren.

BINDUNGSSTILE

SITZUNG 79

In der Pubertät geht es dank eines unfassbaren Überschwangs an Hormonen endlich los mit den Themen Liebe, Sex und Zärtlichkeit. Und gerade am Anfang wird vieles ausprobiert. Mit der Zeit zeigen sich aber ziemlich stabile Unterschiede in den Beziehungsmustern von Menschen. Manche heiraten ihre Sandkastenliebe und sind glücklich, manche haben eine Liste von Verflossenen, die länger ist als ihr Lebenslauf, manche lassen sich zwar auf Körperlichkeiten ein, aber wehe, es wird emotional (also poppen ja, aber kuscheln ist schon schwierig irgendwie, miteinander reden auch). Wieder andere haben in ihrer Interaktion mit anderen die permanente Hauptrolle als Dramaking und Dramaqueen.

In einem Experiment, bei dem die Reaktionen von Babys auf Weggang und Rückkehr der Mutter beim sogenannten Fremde-Situations-Test beobachtet wurden, hat man vier verschiedene Bindungsstile festgestellt. Man hat den Babys also die Mama weggenommen und geguckt, was passiert. Ein Experimentaufbau, an dem die Ethikkommission Zweifel angemeldet hat. Die armen Babys!

1) **Ein sicherer Bindungsstil** heißt, dass man an Beziehungen glaubt, sich gern und bewusst bindet und das auch als gute Sache empfindet. Sofern er gegeben ist, erscheint der Schritt zum Standesamt sehr rational und glücksverheißend. Etwas mehr als die Hälfte aller Menschen haben einen sicheren Bindungsstil, dieser gilt auch als psychisch sehr gesund.
2) **Der ängstlich-ambivalente Bindungsstil** ist eines auf keinen Fall: langweilig ☺. Deswegen eignet sich dieser Bindungsstil auch bestens für

Filme und Serien. Solche Menschen wollen und suchen einerseits Nähe, andererseits scheuen sie genau davor zurück und wollen Distanz und Autonomie. Was sie genau wollen, kann leider auch relativ schnell wechseln ...

3) Menschen mit **ängstlich-vermeidendem Bindungsstil** dürften bei Tinder deutlich überrepräsentiert sein. Die Psychologie hinter diesem Bindungsstil ist folgende: Wenn ich Nähe zulasse und mich öffne, werde ich verletzlich und angreifbar. Und diese potenzielle Verletzung zu vermeiden, ist mir wichtiger, als Liebe zu empfinden. Was ich, eben aufgrund dieser Vermeidung, nicht kenne, das kann ich ja auch nicht vermissen. Dieser Bindungsstil rührt oft aus tiefen Enttäuschungen und Verletzungen her und kann nicht selten als Selbstschutzmechanismus betrachtet werden. Es gibt aber auch Leute, für die das Thema Liebe und Intimität schlicht keinen großen Stellenwert im Leben hat, mit der Konsequenz, dass sie Bindungen meiden. Allerdings kann eine funktionierende und stabile Partnerschaft nach einiger Zeit nachweislich einen sicheren Bindungsstil befördern.
4) Über den **desorganisierten Stil** soll hier nur geschrieben werden, dass er für den Partner oder die Partnerin nicht leicht zu ertragen ist. Die Babys mit desorganisiertem Bindungsstil waren schlichtweg verwirrt und wussten nicht, was sie tun sollten, als ihre Mutter wiederkam. Genau dasselbe trifft auf jede spätere Partnerschaft zu.

DIE SECHS LIEBESSTILE

SITZUNG 80

Wo wir schon beim Thema Liebe sind: Es gibt mehrere psychologische Theorien zur Liebe, aber eine gefällt dem Klo-Psychologen besonders gut. Diese hat der Psychologe J. A. Lee 1973 in seinem Buch mit dem schönen Titel *Colors of Love* veröffentlicht, und sie wurde auch erfolgreich getestet. Die Theorie bezieht sich auf den jeweiligen Liebesstil von Menschen.

Es gibt den Liebestyp **Eros**, welcher eine tiefe, leidenschaftliche und sehnsüchtige Liebe beschreibt. In ihr kommen Intimität, Leidenschaft und Bindung (die drei wesentlichen Komponenten der Liebe) zusammen. Der emotionale Jackpot (leider eher selten).

Der Liebestyp **Ludus** beschreibt eine spielerische und wenig verbundene Liebe. Es geht eher darum, eine gute gemeinsame Zeit zu haben, die nicht gerade mit dem Versprechen verbunden ist, zusammen alt zu werden. Die Spontaneität, die diesem Liebestyp innewohnt, kann entstehen, aber eben auch vergehen. In der Berliner Clubszene ist dieser Liebestypus sehr verbreitet.

Storge beschreibt eine fürsorgliche, freundschaftliche und langlebige Liebe. Es gibt ein starkes Gefühl der gegenseitigen Verantwortung. Untenrum passiert nicht so viel, was aber auch nicht als tragisch wahrgenommen wird, denn die Liebe besteht mehr in der Verbundenheit denn dem sexuellen Dauerfeuerwerk. Daher gilt folgende Faustregel: Bist du um eure gemeinsame Erotik in Sorge, dann seid ihr wohl schon mitten in der Storge. Aus verschiedenen Gründen steigt die Anzahl dieses Liebesstils mit dem Alter an.

Der Liebesstil **Pragma** beschreibt das Standardmodell, das jahrtausendelang Normalfall der Liebe war, bevor Menschen Ende des 18. Jahrhunderts auf die Idee kamen, sich romantisch in dem oder der anderen zu verwirklichen. Pragma bezeichnet die pragmatische Liebe oder die Vernunftliebe. Es passt so halbwegs, man versteht sich, aber es ist nicht das ganz große emotionale Feuerwerk. Vielleicht sind auch die Alternativen schlecht oder nonexistent. Diese pragmatische Liebe hat allerdings den großen Vorteil, dass sie sehr robust und langlebig ist.

Der nächste Liebesstil trägt den schillernden Namen **Mania**. Dies ist eine sehr intensive, besitzergreifende Liebe, die nicht selten mit einem ängstlich-ambivalenten Bindungsstil einhergeht. Hier gilt das, was für alle Manien gilt: Sie fühlt sich im Moment intensiv und toll an, aber die Abstürze sind heftig. Diese manische Liebe hat die geringste standesamtliche Halbwertszeit, aber sie war und ist seit jeher ein gefundenes Fressen für Literatinnen und Literaten weltweit.

Agape ist die bedingungslose, aufopfernde Liebe. Diese geht nicht nur mit starker Verbundenheit, sondern auch einem erheblichen Mitgefühl für die andere Person einher. Allerdings ist dieser Liebestypus nicht selten mit Aufgabe der eigenen Interessen und Bedürfnisse verbunden, und seine Existenz war und ist die Lebensgrundlage für Heiratsschwindler.

Das Interessante an diesen Theorien ist, dass einerseits natürlich jede Beziehung und jede Liebe einzigartig ist, sie sich andererseits aber so gut einfangen lassen. Kurz zusammengefasst, sind Mania und Ludus meist kurz und intensiv, Storge und Pragma das Gegenteil davon, und Eros und Agape tatsächlich besondere, auch sehr wertvolle Liebestypen.

GENERATIVITÄT ALS AUFGABE DER ERWACHSENEN

SITZUNG 81

Ab Mitte 20 geht es für gewöhnlich los, auf dem Land deutlich früher. Bei Familienfeiern kommen schnell die Fragen nach einer Beziehung, wann geheiratet wird und was eigentlich mit Kindern ist. Ab 30 nimmt dieses Phänomen deutlich zu, und dann kommen auch häufig eindringlichere Fragen vom Freundeskreis hinzu.

Das ist ja auch nicht ganz verwunderlich, denn schließlich sind Kinder die Voraussetzung dafür, dass die Familie weiter gedeiht, die Gesellschaft neue Mitglieder bekommt und unsere Gene erfolgreich weitergegeben werden. Aber es ist eben auch eine normative Entwicklungsaufgabe für Erwachsene, wenn man dem Modell von Erik Erikson folgt. Für manche bedeutet dieses Nachfragen Frust und Druck und ist neben dem nervigen und abends grundlegend betrunkenen Onkel und der Schwiegermutter ein veritabler Boykottgrund für Familienfeiern.

Generativität heißt, dass man etwas an die nächste Generation weitergibt. Dass man etwas Bleibendes schafft. Dass man sich für andere einsetzt. Mit eigenen Kindern werden all diese Anforderungen direkt bedient. Es kann aber eben auch bedeuten, dass man sich ehrenamtlich engagiert oder, wie es früher hieß, ein Lebenswerk schafft.

Babyaugen sind nicht nur süß, sondern es wird auch von uns erwartet, dass wir sie süß zu finden haben und uns im biologischen Erfolgsfalle angemessen kümmern.

Trotz aller Schwierigkeiten mit erwarteter Generativität zeigt sich sowohl bei Menschen, die ungewollt kinderlos sind, als auch bei denen, die wenig soziale Einbettung oder nicht wirklich etwas geschafft und geschaffen haben, dass sie häufig sehr unglücklich und unzufrieden sind. So sind zum Beispiel Menschen, die arbeitslos sind, deutlich häufiger unzufrieden oder gar depressiv. Und das hängt ganz sicher nicht nur vom Betreuer beim Amt ab. Auch hier fehlt es an Generativität. Auf der anderen Seite sind ehrenamtlich aktive Menschen im Durchschnitt gesünder, zufriedener und auch über das Ehrenamt hinaus sozial eingebundener. Auch das lässt sich mit Eriksons Ansatz der Generativität als zentraler Entwicklungsaufgabe im Erwachsenenalter erklären.

Allerdings, kleiner Baby-Funfact: In der Scheidungsforschung gab es den klaren Befund, dass Kinder eine Beziehung zwar stabiler, aber nicht unbedingt glücklicher machen. Das kann aber auch am Schlafmangel liegen.

SITZUNG 82

BEST AGER BIS ZUR URNE: DAS SOK-MODELL

Immer mehr Menschen werden alt, und sie werden auch noch immer älter. Also wird auch die Frage, wie wir im Alter gesund, rüstig und zufrieden bleiben, immer dringlicher.

Es werden mittlerweile die »jungen Alten« und die »alten Alten« unterschieden, wobei die »jungen Alten« zwischen 60 und 80 sind, und die alten Alten von 80 bis six feet under. Dass manche, die jünger als die »jungen Alten« sind, aussehen wie die »alten Alten« wird dabei einfach in Kauf genommen, denn es geht in dieser Unterscheidung um das biologische Alter.

Inzwischen gibt es Seniorinnen und Senioren, die nach Wacken fahren (nicht nur, weil am Anfang die Ortsfeuerwehr spielt), und selbst bei Instagram ist man nicht mehr vor Oma und Opa sicher. Es ist was in Bewegung gekommen bei den älteren Mitbürgerinnen und Mitbürgern. Doch wie kommen wir nun dazu, bis ins hohe Alter rüstig und vital zu sein? Eine prominente Theorie der Psychologie des Alterns sagt: Durch selektive Optimierung und Kompensation, kurz SOK.

Irgendwann wird jeder Tag zum Sonntag nach der Party, und dann kommt es darauf an, sich auf die Dinge zu konzentrieren, die einem besonders wichtig sind. Dann kann es zum Beispiel Sinn machen, schweren Herzens das Motorrad abzugeben, aber sich so richtig in die Welt der Social Media einzuarbeiten. Genau diesen Prozess beschreibt die selektive Optimierung. Die Kompensation hingegen meint, dass man sich kleine Hilfen sucht, um Dinge zu tun. Zum Beispiel der Digital-native-Enkel, der dankenswerterweise nicht nur zum Abkassieren vorbeikommt, sondern einem noch mal zeigt, wie das mit dem Taggen geht. Kompensation meint also, bestimmte altersbedingte Schwächen bewusst auszugleichen. Diese Theorie der selektiven Optimierung ist weithin bestätigt, und es zeigt sich hier, dass es einige Zeilen braucht, um sie zu erklären. Im Prinzip ließe sich die Formel des erfolgreichen Alterns auch mit einem schönen alten Sprichwort zusammenfassen: Wer rastet, der rostet.

EVOLUTIONÄRE PSYCHOLOGIE, ODER: INWIEFERN WIR MANCHMAL IMMER NOCH PRIMATEN SIND

SITZUNG 83

Unter einer dünnen Decke der Zivilisation lauert bei uns Menschen ja so einiges. Das lässt sich nicht nur auf Pegida-Demonstrationen beobachten, sondern zum Beispiel auch beim Kölner Karneval oder der einen oder anderen Betriebsfeier. Was genau da drunter schlummert, ist Gegenstand der evolutionären Psychologie. Diese ist wissenschaftlich schwer umstritten, aber sehr witzig, in Theorie und Empirie, und deshalb steht sie mit auf dem Lehrplan der Klo-Universität.

Im altehrwürdigen studiVZ (der Klo-Psychologe vermisst es von Zeit zu Zeit) gab es einmal eine Gruppe »Die evolutionäre Psychologie hat mein Leben ruiniert«. Das hängt vor allem damit zusammen, dass sie sich wenig um Moral und Konventionen schert. Sie ist empiriebasierter *Dirty Talk*, welcher vor allem erklärt, wer mit wem in der Kiste landet und wie lange sie dort drinbleiben. Da *sex* bekanntlich *sells*, muss sie also definitiv mit in diese Einführung der Psychologie.

SITZUNG 84

DIE BEDEUTUNG DER ATTRAKTIVITÄT

Wenn man Menschen fragt, worauf es ihnen bei der Partnerwahl so ankommt, dann bekommt man häufig sozial erwünschte Antworten wie »Humor«, »Charakter«, »innere Werte« und Ähnliches. Allerdings ist aus der Sicht der evolutionären Psychologie ein anderer Faktor, zumindest im Balzprozess, überragend wichtig: die Attraktivität. Oder, wie es so prägnant in einem Standardlehrbuch der Persönlichkeitspsychologie heißt: »Bei der Partnersuche spielen physische Merkmale eine kaum zu unterschätzende Rolle in den frühen Phasen der Vorselektion potenzieller Partner. Physisch attraktive Menschen fallen uns auch dann auf, wenn wir gar nicht auf Partnersuche sind, erst recht aber, wenn wir nach einem Partner Ausschau halten.« (Neyer & Asendorpf [2018]. Psychologie der Persönlichkeit) Solch pointierte Erkenntnisse sind wichtig, gerade auch für Erstsemesterinnen und Erstsemester.

Die Frage ist allerdings, warum nach langen Zivilisationsprozessen, der Idee der Romantik sowie der Kritik am lookism (=weniger schöne Menschen werden benachteiligt; #sad but meistens #true) nach wie vor die Attraktivität eine solch entscheidende Rolle spielt. Da wiederum spielt unser Unbewusstes und somit auch die Evolution rein. Und beides ist auf Fortpflanzung gepolt. Wer will schließlich keine schönen Kinder? Oder einen jungen, gesunden Partner, der nicht so schnell abnippelt, sodass man dann mit dem Kind allein dasteht? Schon Rammstein hat es einst passend auf den Punkt gebracht: »Der Mensch ist doch ein Augentier, schöne Dinge wünsch ich mir.«

Zumindest für die Partnerwahl lässt sich Folgendes festhalten: Der wesentliche Unterschied zwischen einer Freundschaft und einer Partnerschaft ist die Sexualität. Für die Sexualität wiederum ist die wahrgenommene Attraktivität ein sehr relevanter Faktor. Folglich besitzt die Attraktivität am Anfang bzw. in der »Vorselektion« eine so wichtige Rolle. Bei Tinder wird diese Theorie jeden Tag aufs Neue empirisch bestätigt.

DAS EXPERIMENT ZUM SPERRSTUNDENEFFEKT – WARUM SCHÖNSAUFEN VOM GESCHLECHT ABHÄNGT

SITZUNG 85

Eines der amüsantesten Experimente, welches jedes Wochenende im realen Leben repliziert wird, ist jenes zum Sperrstundeneffekt. Der Sperrstundeneffekt geht auf das Sprichwort zurück »Je später der Abend, desto schöner die Gäste« zurück und hat dieses einer Feinanalyse mit Hinblick auf das Geschlecht unterzogen. Anders gesagt: Können sich Frauen Männer genauso schönsaufen wie Männer Frauen? Die Antwort schon mal vorweg: Nein ☺.

Das Experiment wurde in England durchgeführt, wo es in

früheren Zeiten ja entsprechende Sperrstunden in den Pubs gab. Das heißt, es gab ein relativ klar begrenztes Zeitfenster, in dem man erfolgreich sein musste, um nicht allein nach Hause zu gehen (sofern mensch allein hingekommen ist).

Es wurden sowohl die Männer befragt, wie attraktiv sie die anwesenden Frauen auf einer Skala von 1 bis 10 bewerten, als auch umgekehrt: Dabei kam schon mal raus, dass Männer die Frauen im (nüchternen) Ausgangszustand im Schnitt einen Punkt besser bewerteten als die Frauen. Also schon so ganz grundsätzlich finden Männer Frauen schöner als umgekehrt. Dies könnte ein erster Hinweis für die sehr ungleichen Geschlechterproportionen in Dating-Portalen sein ...

Dann aber wurde eine halbe Stunde vor dem Schließen noch einmal der Wert der Attraktivität erhoben. Und hier schoss die Attraktivitätsbewertung der Frauen bei den Männern durch die Decke, während sich bei den Frauen fast nichts tat. Anders gesagt: Frauen haben sich ihren nüchternen Blick bewahrt, während das Phänomen des »Schönsaufens« nur für Männer funktionierte.

Um jedoch etwas Methodenkritik zu üben: Es wurde nicht der durchschnittliche Alkoholkonsum gemessen.

Insgesamt liefert diese Studie allerdings sehr interessante Einblicke in die Dynamiken an einem Freitag oder Samstag. Und sie zeigt auf, dass Kerlen das Fitnessstudio, ein gepflegtes Äußeres und selbst das Shoppen von anständigen Klamotten nicht erspart bleibt, wenn sie punkten wollen.

SEXUELLE STRATEGIEN

SITZUNG 86

Wer über Evolution spricht, darf über Sexualität nicht schweigen. Denn sexuelle Strategien sind ein wichtiger Forschungsgegenstand der evolutionären Psychologie. Einer ihrer Begründer, Steven Pinker, hat einmal folgendes Bonmot zum Besten gegeben: »The ultimate goal that the mind was designed to attain is maximizing the number of copies of the genes that created it.« Übersetzt: So ganz am Ende geht es eigentlich immer um Sex. Interessant ist, wie Mann und Frau zu selbigem kommen.

Der Ausgangspunkt der unterschiedlichen Strategien von Männern und Frauen ist der Punkt, dass ein reproduktiv erfolgreicher Fortpflanzungsakt für Männer und Frauen ja ganz andere Konsequenzen hat. Eine Frau ist neun Monate lang schwanger und trägt aufgrund nach wie vor bestehender Geschlechterverhältnisse und Rollenvorstellungen im Durchschnitt mehr zur Erziehung der Kinder bei als ein Mann. Dessen unmittelbare körperliche Konsequenz des Aktes geht übers Einschlafen nicht hinaus. Bei längeren Beziehungen im Schnitt übrigens geschieht dieses Einschlafen im Durchschnitt genau sieben Minuten nach dem Akt. Also (fast) nix mit Kuscheln.

Jedenfalls folgt daraus aus der Perspektive der evolutionären Psychologie, dass für Männer bei der Partnerwahl nicht nur klischeehaft, sondern tatsächlich empirisch im Durchschnitt eher Schönheit, Jugendlichkeit und Gesundheit im Vordergrund stehen, damit die Nachkommen auch ja durchkommen, während für Frauen auch so etwas wie Verlässlichkeit, Charakter und der Geldbeutel interessant sind. Diese Unterschiede sind sehr holzschnittartig, aber sie geben zumindest Erklärungspunkte für Beziehungen von jungen Frauen mit Sugardaddys, und tatsächlich sind zum Zeitpunkt der Heirat auch meist die Männer etwas älter. Für

Frauen ist übrigens für rein körperliche Geschichten der Kontostand nahezu irrelevant, für potenzielle Beziehungspartner und Heiratskandidaten hingegen sehr relevant (die Ressourcen und so). Das Problem bei all solchen Thesen ist, dass es dafür vor allem viel Augenschein und anekdotische Richtigkeit gibt. Denn es gibt eben auch Frauen, die sehr kurzfristige Partnerwahlstrategien haben, und Männer, für die die Bedeutung der inneren Werte keine Anmachfloskel ist.

Ein Befund allerdings ist schon frappierend, und er zeigt auf, dass es bei aller Zivilisiertheit und Kultur eben doch einen gewissen Rest an Evolution und Stammhirn gibt. Es wurde nämlich untersucht, wie groß die Weihnachtsgeschenke für die Enkel ausfallen, in Abhängigkeit davon, welcher Opa bzw. welche Oma es ist. Und es konnte kulturübergreifend immer wieder festgestellt werden, dass die Oma mütterlicherseits am meisten schenkt, der Opa väterlicherseits am wenigsten. Dies ist schon insofern erstaunlich, als dass ja Frauen eine deutlich schmalere Rente haben als Männer (der sogenannte Gender-Pension-Gap). Die Erklärung hierfür ist: Bei der Mutter weiß man ganz genau, dass es die Mutter ist, bei Männern besteht ja immer noch ein gewisses Kuckuckskindrestrisiko. Und beim Opa väterlicherseits haben wir es ja dann schon mit einem doppelten Kuckuchskindrestrisiko zu tun. Da kann man dann mit den Geschenken schon mal etwas knauserig sein, nicht dass es doch nicht in der Familie bleibt.

Das Fazit des Klo-Psychologen zur gesamten evolutionären Psychologie ist: Sie gehört zu einer Gesamtbetrachtung des Menschen dazu, sie liefert mit die amüsantesten Forschungsergebnisse in der gesamten Psychologie. Aber wenn man meint, Menschen auf ihre evolutionäre Rolle reduzieren zu können, ist man einerseits auf einem biologistischen Holzweg mit häufig sehr schwierigem Fahrwasser. Andererseits aber hätten wir uns dann ja Kultur und Zivilisation eigentlich sparen können. Das aber wäre mehr als schade, und wir würden (im Durchschnitt) auch deutlich kürzer auf dem Hotel Erde sein.

SYSTEMISCHE PSYCHOLOGIE

SITZUNG 87

Was genau macht den Menschen aus? Eine immer prominentere Antwort auf diese Frage gibt die systemische Psychologie: Der Mensch ist das Produkt seiner sozialen Beziehungen. Die systemische Therapie untersucht, welche Beziehungen und Personenkonstellationen sich in welchem Maße auf eine psychische Erkrankung oder die Persönlichkeit auswirken. So wird eine Beziehung zu einem Borderliner eher nicht zu einem sicheren Bindungsverhalten beitragen. Ein Zitat, das Sigmund Freud zugeschrieben wird, bringt den Grundgedanken der systemischen Psychologie hervorragend auf den Punkt: »Bevor du dir selbst Depression oder einen Minderwertigkeitskomplex diagnostizierst, stelle sicher, dass du nicht einfach nur von Arschlöchern umgeben bist.«

Unsere Mitmenschen formen und prägen uns tatsächlich sehr. Das, was in der Psychologie unter »Umwelt« läuft, sind im Kern andere Menschen und ihre Verhaltensweisen und Reaktionen auf uns. Und in der Tat sagt es sehr viel über einen Menschen aus, mit wem er oder sie sich (freiwillig!) umgibt.

KAPITEL 7

ORGANISATIONS-PSYCHOLOGIE

ORGANISATIONSPSYCHOLOGIE – WAS IST DAS ÜBERHAUPT?

SITZUNG 88

Die Psychologie befasst sich nicht nur mit Störungen und Macken, sondern auch damit, wie Menschen in Organisationen zusammenarbeiten. Denn irgendwie ist das Arbeiten in der Kreisverwaltung doch ein anderes als in einem Berliner Start-up. Während die Jogginghose in der Anwaltskanzlei ein Kündigungsgrund ist, kann sie in einer Werbeagentur von Zeit zu Zeit als avantgardistisch durchgehen, in Berlin-Neukölln und neuerdings auch im Wedding sogar dauerhaft.

Einer der schönsten Befunde der Organisationspsychologie ist, dass man über die Witze, die sich erzählt werden, am meisten über die jeweilige Kultur einer Organisation lernen kann. Denn in Witzen wird sowohl das eigene Selbstverständnis als auch die Abgrenzung zu anderen deutlich und inhaltlich verdichtet. Solche Witze wie »Warum spielen Beamte so gern Mikado? Wer sich zuerst bewegt, hat verloren« oder »Was gibt es in der Unternehmensberatung zusätzlich zum Weihnachtsgeld? Burn-out« oder »Lehrer haben vormittags recht und nachmittags frei« und natürlich nicht zu vergessen »Psychologen haben sowieso alle einen an der Waffel« werden in bestimmten Organisationen sehr gern erzählt. Denn die eigene Identität und das eigene Selbstverständnis lassen sich immer auch gut in Abgrenzung zu anderen herstellen. Schon allein deshalb sind wir in der Klo-Psychologie sehr an Witzen interessiert!

Menschen, die sich auf die Arbeits- und Organisationspsychologie spezialisiert haben, bekommen (wie auch der Klo-Psychologe) selbst gern mal die Frage gestellt: »Ist man dann überhaupt ein richtiger Psychologe?« Im Kopf schwirren dann folgende Antwortmöglichkeiten herum:

A) Du mich auch

B) Deine Mudda
C) Geh doch arbeiten, dann untersuch ich dich mal!
D) Wer bist du denn?

Auf diesen Impuls folgt dann die Besinnung und eine Antwort wie »Ja natürlich, denn wir Menschen verbringen viel Zeit bei der Arbeit und in der Zusammenarbeit mit anderen in verschiedenen Organisationen. Zudem befasst sich die Psychologie eben nicht nur mit Störungen und Krankheitsbildern, sondern auch mit den Potenzialen und Chancen von Menschen, Teams, Organisationen und letztlich Gesellschaften als Ganzes«.

Das klingt zwar nicht so richtig sexy, ist aber genau der Kern. Einer der wichtigsten Punkte der Organisationspsychologie ist allerdings der, warum nicht selten der betriebliche Alltag auch den Titel »Die Anstalt« tragen könnte. Denn genau das zu verstehen, ist wahre Psychologie.

SOCIAL-FACILITATION-EFFEKT

SITZUNG 89

Es hat wohl jede und jeder in der Schule, in der Lehre oder im Studium diese Momente erlebt, in denen die Gemütslage präzise mit den beiden Wörtern »Kein Bock« beschrieben werden kann.

Das gibt es natürlich auch im Arbeitsleben und wird dort vornehmer mit »innere Kündigung« umschrieben, ein Phänomen, von dem erstaunlich viele Menschen betroffen sind. Was kann man dagegen machen?

Nicht nur, wenn der Chef oder die Chefin hinterm Schreibtisch steht, wird die Arbeitsleistung gesteigert. Sondern auch, wenn andere dabei sind und ebenfalls arbeiten. Das ist es, was psychologisch hinter dem neuen Phänomen der »Co-Working-Spaces« steht. Denn wenn die anderen arbeiten, kommt das schlechte Gewissen, wenn man selbst mal wieder leidenschaftlich prokrastiniert. Denn wenn die anderen was machen, ich aber nicht, dann gehöre ich gefühlt nicht zur Gruppe. Und wer will schon alleine sein? Genau deshalb sind Lerngruppen im Studium sehr beliebt, auch wenn nicht immer klar ist, wie viel Vorbereitung auf die Prüfung passiert vs. wie viel Vorbereitung auf seniorale Kaffeekränzchen ist.

Die Anwesenheit anderer erleichtert also das Arbeiten. Allerdings gilt dies eher für einfache Aufgaben. Bei komplexen Aufgaben kann sich dieser demonstrative Aktivismus durchaus auch ins Gegenteil verkehren, da hier viel Planung notwendig ist.

Daher könnt ihr euch nun auf den Klo-Psychologen und den Social-Facilitation-Effekt berufen, wenn ihr demnächst bei euren Vorgesetzten Folgendes fordert:

1) Keinen Einzelarbeitsplatz
2) Keine faulen Kollegen
3) Kollegen, die mit euch zusammenarbeiten und nicht gegen euch
4) Vorgesetzte, die auch tatsächlich arbeiten
5) Gruppenarbeiten, in denen wirklich alle mitmachen, Aufgaben klug verteilt werden und man sich auf die anderen verlassen kann
6) Ruhe und keine Rufumleitung für die wirklich schwierigen Sachen
7) Zeit für Austausch mit anderen, sodass ich ihre Arbeit überhaupt bemerken und wertschätzen kann.

PS: Home Office ist zwar eine feine Sache, aber hier fehlt genau dieser Social-Facilitation-Effekt größtenteils, was die

Selbstmotivation erschwert. Und bei nicht wenigen kommt dann noch der Crying-Baby-Effekt, der Hungry-Child-Effekt oder der Annoying-Partner-Effekt dazu …

SITZUNG 90

DIE ATTRAKTIONS-SELEKTIONS-ABSTOSSUNGS-THEORIE, ODER: WARUM SICH ORGANISATIONEN NIE SUBSTANZIELL ÄNDERN

Eine der gehaltvollsten und praxisnächsten Theorien der Organisationspsychologie heißt in der deutschen Übersetzung »Attraktions-Selektions-Abstoßungs-Theorie«. Zwar ließe der Titel vermuten, dass es sich um einen Teilbereich der evolutionären Psychologie oder etwas »Versautes« handelt, aber tatsächlich geht es um die Frage, warum stets ein ganz bestimmter Menschentyp in einer Organisation vorherrschend ist und verbleibt.

Die Theorie besagt, dass im Ausgangspunkt Menschen von sehr unterschiedlichen Organisationen angezogen werden. Oder, aus der anderen Perspektive, dass sich immer nur bestimmte Menschentypen bei einem bestimmten Arbeitgeber bewerben. Die weltoffenen, experimentierfreudigen und hochgradig flexiblen »Digital Natives« würden wahrscheinlich nicht mal im Traum darauf kommen, sich bei der Kreisverwaltung zu bewerben (auch nicht in deren IT-Bereich). Diejenigen aus der Generation Z, die Work-Life-Balance so verstehen, dass dieses Work das Life nicht allzu sehr beeinträchtigen darf, werden sich clevererweise nicht auf eine Stelle als Führungskraft in der freien Wirtschaft bewerben, bei der das Arbeitszeitgesetz reine Science-Fiction ist. Es gibt also stets einen eigenschaftstechnisch eingeschränkten Bewerberpool. Dann kommt der Prozess der Selektion. Allen Gleichstellungsrichtlinien zum Trotz geht es, jedenfalls bei halbwegs gleichen Noten und Qualifikationen, um folgende Frage: »Wer hat den gleichen Stallgeruch?«

Hinter dieser Frage steht letztlich folgender Gedanke: »Wer passt zu uns, die wir schon hier sind?« Und da Gemeinsamkeiten ja Sympathie stiften, ist die Frage eher »Wer ist (am ehesten) so wie wir?«. Nach diesem Prinzip funktionieren im Übrigen auch die berühmt-berüchtigten Männernetzwerke bis heute. Wenn dann aber vorwiegend diejenigen genommen werden, die am ehesten zu denen passen, die schon da sind, dann ist die Konsequenz eben die, dass die viel gepriesene Diversity bloße Fiktion ist.

Der dritte Prozess ist jener der Abstoßung. Einerseits muss ja immer noch die Probezeit überstanden werden. Aber manchmal merkt entweder die Organisation oder die Person, dass die Passung doch nicht so groß ist, wie anfangs gedacht. Und dann kommt es dazu, dass diejenigen, die doch nicht zu uns passen, gehen oder gegangen werden. In der Konsequenz werden Belegschaften noch homogener.

Es kommt daher auf zwei Sachen an: Einerseits kann man am Image feilen, sodass sich auch andere Menschen bewerben als die üblichen Verdächtigen. Und zweitens sollten Unternehmen viel öfter mal Ernst machen mit dem Bekenntnis zu Vielfalt und Diversität und nicht die Person mit dem gefühlt intensivsten Stallgeruch einstellen. Sondern auch mal Unkonventionelle, Kreative. Oder Frauen und Menschen mit Migrationshintergrund tatsächlich in Führungspositionen bringen.

SITZUNG 91

KURZER PSYCHOTEST ZU MEINEM FÜHRUNGSVERHALTEN NACH LEWIN

So bekommst du raus, welches dein präferierter Führungsstil ist. Kurt Lewin wäre auch sehr gespannt!

Frage 1: Als was wurdest du von anderen schon mal beschimpft?

A: Teilzeithitler
B: Konsensmutti
C: Labertasche

Frage 2: Was ist dein Motto für Entscheidungen?

A: Wo gehobelt wird, da fallen Späne.
B: Wenn alles gesagt wurde, aber noch nicht von allen, dann können wir mal entscheiden!
C: Jede Entscheidung ist ein Massenmord an Möglichkeiten!

Frage 3: Wie sollte ein Chef seine Mitarbeitenden führen?

A: Vertrauen ist gut, Kontrolle ist besser!
B: Mitreden lassen, aber am Ende doch noch selbst entscheiden.
C: Führung ist so 20. Jahrhundert. Selbstorganisation, Baby!

Frage 4: Was ist dein Ideal von Kindererziehung?

A: Eigentlich hat ein Klaps doch niemandem wirklich geschadet.
B: Liebevoll und konsequent
C: Antiautoritär

Die Auflösung ist ganz einfach: Je mehr A, desto mehr neigst du zum autoritären Erziehungsstil, je mehr B, desto demokratischer, je mehr C, desto mehr Laissez-faire.

TRANSFORMATIONALE FÜHRUNG

SITZUNG 92

Die Amis sind ja noch nie durch Bescheidenheit aufgefallen. Sie haben eine gewisse Neigung zum Pathos, die sich insbesondere in ihren Filmproduktionen ausdrückt. Die wesentlich in Amerika popularisierte Führungstheorie heißt folgerichtig »transformationale Führung« und hat den absolut unbescheidenen Anspruch, lohnabhängig Beschäftigte und letztlich ganze Organisationen von Grund auf zu verändern, eben zu »transformieren«.

Dieser Führungsstil hat, so viel lässt sich festhalten, trotz seines etwas bombastischen Anspruchs viel psychologische Weisheit in sich. Er beruht auf vier Aspekten, nämlich dem **Führen über Werte und ideellen Einfluss, eine motivierende Idee für die Zukunft, das Stimulieren und Abverlangen geistiger Herausforderungen** und **individuelle Zuwendung zu allen Beschäftigten innerhalb einer Organisation**. Etwas einfacher formuliert: Eine Führungskraft, die transformational führt, weiß nicht nur, wo in der Firma das Leitbild hängt, sondern lebt es. Transformationale Führung heißt: Wenn Widerspruch und selbst denken erlaubt sind, kommen viel mehr Ideen heraus, und das Selbstvertrauen aller steigt. Und wenn wir uns in unserer Individualität anerkannt, gesehen und wertgeschätzt fühlen, dann steigert dies auf der persönlichen Ebene zur Führungskraft die Beziehung und das Vertrauen und insgesamt unsere Bindung zu unserem Brötchengeber. Genau das macht die transformationale Führung psychologisch so wertvoll.

SITZUNG 93

GREAT-MAN-THEORIE DER FÜHRUNG, DIE SPÄTE RACHE DES PATRIARCHATS

Unsere Vorstellungen davon, wer richtige Führungspersönlichkeiten sind, ist sehr stark vom Kino und von Geschichtsbüchern geprägt. Die starken und unverwüstlichen Helden, die heroisch vorangehen und dann den Erfolg herbeiführen. Eigenschaften, die damit assoziiert werden, sind stark, kämpferisch, vorbildlich und mutig. Für all das gibt es eine Theorie, die »Great-Man-Theorie« heißt. Denn an Great Women hat man, als diese Theorie postuliert wurde, noch gar nicht gedacht. Und all diese Eigenschaften sind eher männlich konnotiert. Daher könnte diese Theorie auch als die späte Rache des Patriarchats bezeichnet werden. Denn es gibt in der Tat Persönlichkeitseigenschaften, welche Führungserfolg begünstigen. Diese haben aber nichts mit *man* oder *woman* zu tun. Es sind erstens die allgemeine Intelligenz, zweitens eine ausgeprägte Machtmotivation und drittens soziale Kompetenzen.

Das heißt übersetzt: Wer blöde ist, ist mit relativer Sicherheit kein guter Chef und keine gute Chefin. Nicht umsonst ist auch im Knast immer der Cleverste der Chef auf der Piste.

Auch diejenigen, die es eigentlich gar nicht sein wollen, die also nicht mit Nietzsche den Willen zur Macht haben, dürften nicht gut sein, vor allem, weil sie konfliktscheu sind. Ich muss es schon auch gut finden, wenn ich das Sagen habe. Vor allem zeigt sich immer wieder: Egal, in welcher Organisation, je weiter es nach oben geht, desto dünner wird die Luft. Ein entsprechendes Machtmotiv kann den Sauerstoffmangel gut ausgleichen, denn es atmet von Konflikten. Und es ist auch keine gute Idee, als völliger Sozialhorst in die Vorgesetztenposition zu gehen. Denn um Menschen anzuleiten, muss man sie verstehen und auf sie eingehen können.

Dennoch: Es kommt vor allem darauf an, situativ richtig zu führen, konsistent und fair. Das eigene Handeln sollte gut begründet und nachvollziehbar sein. Und genau das ist erlernbar und können eben nicht nur Great Men.

DIE DUNKLE TRIADE, ODER: WENN MEIN VORGESETZTER EIN PATHOLOGISCHES CHARAKTERSCHWEIN IST

SITZUNG 94

Es gibt einfach Arschlöcher auf dieser Welt. Leider sitzen nachweislich überproportional viele davon auf Chefsesseln.

Nun ist »Arschloch« eine im Alltag absolut gebräuchliche Kategorie, aber wenn wir das psychologisch betrachten wollen, dann muss das schon etwas differenzierter passieren. Denn trotz des inflationären sprachlichen Gebrauchs des Wortes »Arschloch« (gerne auch als »Charakterschwein« bezeichnet), ist das ein harter Diss, der mit Substanz unterlegt werden sollte.

Hierfür gibt es das Konzept der dunklen Triade, welches drei Persönlichkeitseigenschaften in Kombination beschreibt, die allesamt durch einen Mangel an Einfühlungsvermögen und einen besonderen Hang zur Manipulation gekennzeichnet sind. Also genau das, was Menschen charakterlich nicht gerade veredelt.

Diese drei Persönlichkeitseigenschaften, welche zusammen die dunkle Triade bilden, werden als Narzissmus, Machiavellismus und Psychopathie bezeichnet.

Der Narzissmus ist durch eine überhöhte Eigenliebe und ein Gefühl von Grandiosität und ein Überlegenheitsgefühl gegenüber anderen gekennzeichnet. Gerade wenn Regeln für alle gelten sollten, aber Personen meinen, dass für sie bestimmte Regeln nicht gelten, lässt sich von einer narzisstischen Person ausgehen. Und gerade Chefs denken ja ganz gern, dass die Regeln für alle gelten außer für sie.

Machiavellistische Persönlichkeiten haben möglicherweise tatsächlich zu lange »Der Fürst« von Niccolò Machiavelli gelesen. Dieser erste Politikratgeber zeichnet sich durch besondere Grausamkeit und ein Grundprinzip aus, nach dem der Zweck die Mittel heiligt. So empfiehlt Machiavelli, dass es besser sei, wenn man gefürchtet ist als geliebt, da Angst ein viel intensiveres und beständiges Gefühl sei. Ebenso hat er einst empfohlen, die größten Grausamkeiten zu Beginn der eigenen Herrschaft zu begehen, damit sie dann später wieder vergessen werden, sowie in eroberten Ländereien die alte Herrscherfamilie schlichtweg auszulöschen, da diese gedanklich niemals von der Macht lassen könne. Ungefähr so agieren dann eben auch machiavellistische Chefs im Büro: Der Machterhalt geht über alles, egal, wie sehr die Untergebenen leiden.

Psychopathen hingegen charakterisiert neben einem unfassbaren Mangel an Empathie eine besondere Rücksichtslosigkeit sowie die Ignoranz der sozialen Konsequenzen ihres Handelns. Genau deshalb sind sie so gefährlich.

Das Problem ist, dass innerhalb der Status- und Konkurrenzkämpfe vieler Unternehmen sich überproportional häufig solche Personen durchsetzen. Sie sind eben im Wortsinne bereit, über Leichen zu gehen, aber gerade wenn sie machiavellistisch veranlagt sind, können sie auch andere gut um den Finger wickeln und sich geschickt in Szene setzen, um aufzusteigen. Es ist nicht so, dass man ein Schwein sein muss, um Chef zu werden. Aber empirisch erhöht es tatsächlich leicht die Wahrscheinlichkeit, den Chefsessel zu ergattern. Und das ist eigentlich traurig.

DAS »INNERE TEAM« VON FRIEDEMANN SCHULZ VON THUN

SITZUNG 95

Die BWLer, welche zugegebenermaßen aus der erhabenen Sicht der Psychologie ziemliche intellektuelle und geistige Flachzangen sind, glauben ja tatsächlich, der Mensch ist vollständig objektiv und rational. Unter echten Klo-Psychologinnen und Psychologen ruft ein solcher Gedanke letztlich entweder enorme Heiterkeit oder besonderes Mitleid hervor …

Dass dies so ist, lässt sich ganz wunderbar mit der Theorie des »inneren Teams« von Friedemann Schulz von Thun belegen (der Mann mit den vier Ohren). Diese Theorie postuliert, dass es in uns verschiedene Rollen und Stimmen gibt, die zusammen ein inneres Team ergeben (sollen, im Idealfall). Er geht allerdings davon aus, dass jede und jeder von uns ein inneres Team hat und die genaue Zusammensetzung auch individuell unterschiedlich sein kann (und leider gibt es keinen Transfermarkt wie in der Bundesliga).

Zu diesem inneren Team könnten gehören »die Vorsichtige«, »die Träumerin«, »die Realistin«, »die Abenteurerin« und »der Geizpickel«. Die sollen sich dann zusammen, wie das Plenum in einem Hausprojekt, auf etwas einigen, und das machen wir dann. Daraus ergibt sich, warum es manchmal so schwierig ist, Entscheidungen zu treffen. Denn jede Entscheidung ist nicht nur ein Massenmord an Möglichkeiten, sondern irgendein Mitglied des inneren Teams ist immer nicht einverstanden.

Diese Theorie des inneren Teams aber zeigt auch dieses auf: Dass wir Menschen manchmal widersprüchlich denken und handeln, ist ganz normal und keineswegs Ausdruck einer multiplen Persönlichkeit oder noch ganz anderer Sachen.

SITZUNG 96

SPIELTHEORIE IST EINE ERNSTE SACHE

Der Film »A Beautiful Mind« stellt das Leben und die Biografie des Mathematikgenies John Nash eindrücklich dar. Die Schönheit seines Geistes bestand nicht in der Schizophrenie, die ihn plagte, sondern in der Klarheit seiner Gedanken, insbesondere seiner Weiterentwicklung der Spieltheorie. Diese ist, anders als der Name klingt, eine absolut ernste Sache. Es geht darum, wie ich mich in Abhängigkeit davon, was ich denke, wie der andere sich verhält, selbst verhalte.

Ein Beispiel: Ich streite mich mit jemandem. Ich kann mich entscheiden, ob ich nett bin oder ein richtiges Arschloch. Wie ich mich verhalte, hängt stark davon ab, wie ich das Verhalten des anderen einschätze.

Ich	**Der/die andere**	**Ergebnis**
Nett	Nett	Gute Einigung und Harmonie.
Nett	Arsch	Ich werde über den Tisch gezogen.
Arsch	Nett	Ich ziehe über den Tisch (und habe eventuell ein schlechtes Gewissen).
Arsch	Arsch	Wir kacken uns nur an, und niemand hat etwas davon.

Nun ist das Dilemma also Folgendes: Wenn wir beide nett sind, ist ja alles cool. Wenn aber nur ich nett bin, kann das Ergebnis für mich schlecht ausfallen. Wenn wir das aber nun aus Selbstschutz beide denken, ist das Ergebnis auch großer Mist.

Die Spieltheorie John Nashs lehrt uns also erstens, wie wichtig Vertrauen ist. Und zweitens, dass wir, wenn wir uns für unser Verhalten entscheiden, stets auch die Perspektive und die Interessen der jeweils anderen Seite berücksichtigen sollten. Genau das sind die wichtigen Erkenntnisse. Und zum Glück können wir uns hier die Mathematik der Spieltheorie sparen.

DIE SIEBEN PRINZIPIEN DER ÜBERZEUGUNG NACH CIALDINI

SITZUNG 97

Robert Cialdini war und ist der Papst der Psychologie des Überzeugens. Daher ist er auch bei Werbefachleuten, Politikerinnen und Politikern sowie anderen machtmotivierten Menschen sehr beliebt. Seine 7 Grundregeln des Überzeugens sind nicht nur ein toller Werkzeugkasten, sondern auch gut zu kennen, um nicht selbst ständig manipuliert zu werden. Solch relevantes Wissen teilt der Klo-Psychologe selbstverständlich gern!

Grundprinzip 1: Reziprozität (Das Prinzip der Gegenseitigkeit)
Wenn wir von anderen etwas bekommen haben, so entsteht in uns (jedenfalls den meisten) der Wunsch, etwas zurückzugeben, in dem Wunsch, wieder eine Gleichheit von Geben und Nehmen herzustellen.

Grundprinzip 2: Sympathie
Menschen, die wir sympathisch finden, finden wir für gewöhnlich auch glaubwürdig und authentisch. Sie können uns gern den sprichwörtlichen Bären aufbinden, und wir freuen uns auch noch drüber. Das ist kommunikationspsychologisch auch klar, da Sympathie sich auf die Beziehungsebene auswirkt.

Grundprinzip 3: Soziale Bewährtheit
Wir Menschen sind ja nun mal soziale Vergleichswesen. Und wenn Menschen, die wir kennen und deren Urteil wir schätzen, etwas empfehlen, dann wird es schon stimmen. Die ganzen Bewertungssterne von Produkten auf den verschiedensten Portalen basieren auf diesem Prinzip der sozialen Bewährtheit. Es wird aber auch aktiviert, wenn irgendwas irgendwo schon mal funktioniert hat.

Grundprinzip 4: Autorität
Wir können uns für so aufgeklärt und rational wie möglich halten, aber bestimmte Autoritätsquellen wie ein weißer Kittel, ein Doktortitel, bestimmte Auszeichnungen oder ein hohes Ansehen von Personen funktionieren nach wie vor.

Grundprinzip 5: Verknappung
Wenn etwas ein rares Gut ist, wenn sich viele darum reißen, dann muss es ja offensichtlich besonders wertvoll und begehrt sein. Daher prahlen manche Leute auch mit ihrem vollen Terminkalender.

Grundprinzip 6: Commitment und Konsistenz
Wir wollen ja mit uns selbst und unseren Worten in Einklang sein. Um diese Konsistenz auch hinzubekommen, sind wir erfahrungsgemäß auch bereit, einiges zu tun. Wenn ihr in der Fußgängerzone von den Werberinnen und Werbern von Tier- und Umweltschutzverbänden angesprochen werdet, soll genau dieses Prinzip aktiviert werden, denn wenn ihr Ja sagt, müsstet ihr ja Mitglied werden, um mit euch selbst konsistent zu sein …

Grundprinzip 7: Zusammengehörigkeit
Wenn wir davon ausgehen, dass sich etwas innerhalb unserer Gruppe gehört oder alle aus unserer Gruppe etwas

tun, dann wollen wir das auch machen. Wer will schon der Außenseiter sein und nicht zur Gruppe gehören? Sätze wie »Bei uns isst/trinkt/kauft man …« dienen dazu, einen genau hier einzufangen.

Wenn ihr also ordentlich manipulieren wollt, dann gehören die Grundprinzipien der Gegenseitigkeit, Sympathie, sozialen Bewährtheit, Autorität, Knappheit, Konsistenz und Zusammengehörigkeit dringend zu eurem sprachlichen Methodenkoffer.

PROMOTION FOCUS VS. PREVENTION FOCUS

SITZUNG 98

Die Psychologin Tory Higgins hat 1997 eine Theorie veröffentlicht, die sehr gut erklärt, warum Menschen so unterschiedlich an Sachen herangehen. Diese ist deutlich mehr als die klassische Unterscheidung von Optimismus und Pessimismus. Die eher auf Chancen und Möglichkeiten fokussierten Menschen haben nach ihrer Theorie einen *Promotion Focus*. Diejenigen, die Risiken begrenzen und Schaden abwenden wollen, haben demnäch einen ausgeprägten *Prevention Focus*. Für Organisationen ist es wichtig, die Leute passend einzusetzen. Mitarbeiter mit *Promotion Focus* machen sich hervorragend im Marketing, Menschen mit ausgeprägtem *Prevention Focus* hingegen sind im Controlling und der Buchhaltung hervorragend eingesetzt. Gute Chefinnen und Chefs sollten eigentlich beides in sich vereinen, also sowohl Chancen sehen als auch unnötige Risiken vermeiden und Gefahren abwehren. Leider haben wir meist nur eines von beidem bei einer Person. Genau deshalb aber erklärt die Theorie des regulatorischen Fokus gut, warum Führungsduos und Doppelspitzen Sinn machen können. Gegenübergestellt kann man sich beide etwa so vorstellen:

	Promotion Focus	Prevention Focus
Grundlegendes Thema	Realisierung von Chancen und Möglichkeiten, persönliches Vorankommen	Abwendung bzw. Minimierung von Schaden und Vermeidung von unnötigen Risiken
Vorteile	Man traut sich mehr, kommt voran, kann andere ermutigen	Es passieren keine Katastrophen, Stabilität bleibt gewahrt
Nachteile	Man übersieht Risiken, ist leichtsinnig, ist manchmal übertrieben optimistisch	Chancen und manchmal das Leben rauschen an einem vorbei
Typische Berufe	Coach, Unternehmer, Sozialpädagoge, Forscherin	Buchhalter, Polizistin, Controller, Sozialpädagoge

SEMESTER
ENDE

ANLEITUNG FÜR ECHTE KLO-PSYCHOLOGEN

SITZUNG 99

WORAN KANN ICH ERKENNEN, DASS DIE ANDERE PERSON TATSÄCHLICH EIN ARSCHLOCH AKA CHARAKTERSCHWEIN IST?

Verhält er/sie sich gerade wie ein Arschloch?

JA – *Das muss noch nicht viel heißen, ist aber ein Indiz.*

NEIN – *Das muss auch noch nicht viel heißen.*

Verhält sich die Person regelmäßig wie ein Arschloch?

JA – *Das ist schon eher ein Indiz dafür.*

NEIN – *Dann ist die Person eher ein situatives und kein habituelles Arschloch.*

Ist die Person stolz darauf, sich wie ein Arschloch zu verhalten?

JA – *Sie ist ein dispositionales Arschloch.*

NEIN – *Es bestehen noch Chancen auf Resozialisierung.*

Hat die Person schon mal aktiv versucht sich zu ändern?

JA – *Es bestehen realistische Chancen.*

NEIN – *Die Person ist ein Handlungsarschloch.*

Hat sie sich bei diesen Versuchen auch wirklich angestrengt?

JA – *Mit viel aktivem Zuhören kann es was werden.*

NEIN – *Die Person ist und bleibt ein Arschloch!*

SITZUNG 100

DER ABSCHLUSS IST NICHT ALLES: WIE ICH RICHTIG GUT IN PSYCHOLOGIE WERDE

Nun habt ihr euch in hundert Sitzungen der Psychologie gewidmet. Demnächst werdet ihr euch dem Endgegner stellen, nämlich dem Abschlusstest. Denn seid ihr zertifizierte Klo-Psychologinnen und Psychologen. Doch wie ihr wisst, werden Abschlüsse völlig überbewertet, gerade in Deutschland.

Vielmehr soll es zum Abschluss noch ein paar Tipps geben, wie ihr so richtig gut werdet und noch deutlich mehr psychologischen Tiefgang entwickeln könnt.

1. Tagebuch schreiben: Wenn wir kurz in uns gehen, die Erlebnisse bewusst verarbeiten und reflektieren, so hilft uns dies sehr, andere Menschen und Begegnungen einzuschätzen.

2. Vergleich vom ersten Eindruck und späteren Eindruck: Wenn wir Menschen kennenlernen und wir wissen, dass wir demnächst viel mit ihnen zu tun haben werden (z.B. Arbeitskollegen), kann es total sinnvoll sein, sich den ersten Eindruck zu notieren, den ich von dieser Person gewonnen habe. Dann macht es Sinn, das nach einem halben Jahr etwa noch einmal hervorzukramen und zu schauen, was sich bewahrheitet hat und was nicht. So können wir vor allem auch schauen, welche Facetten anderer Persönlichkeiten wir schon gut erfassen können und welche nicht.

3. Raus aus der eigenen psychologischen Filterblase: Da ja das Grundprinzip gilt, dass Gemein-

samkeiten Sympathie stiften, umgeben wir uns häufig (unbewusst!) mit Menschen, die auch von der Persönlichkeit her so sind wie wir. Dadurch aber bleiben wir auch psychologisch begrenzt. Und gerade Menschen, die ganz anders sind als wir, eröffnen uns oft neue Perspektiven (auch auf uns selbst) und helfen uns, unsere Mitmenschen deutlich besser zu verstehen. Dass Reisen bildet, gilt auch für Gespräche.

4. Aktiv Feedback einfordern: Es ist ja immer auch spannend, wie andere Menschen einen sehen. Allerdings wird dies im Alltag viel zu selten kommuniziert (das ist die Existenzbedingung für viele Trainer und Coaches!). Indem wir aber andere aktiv fragen, wie sie uns sehen und bewerten, erfahren wir viel über uns, aber eben auch, durch welche Brille andere uns sehen. Das wiederum hilft auch uns, sie und ihre Perspektiven deutlich besser zu verstehen.

5. Weiterlesen, denn das hier war nur ein Einstieg. Es gibt diverse wirklich gute psychologische Bücher. Sie sind selbstverständlich nicht so gut und erkenntnisschwanger wie dieses hier, aber schon auch gut. Und gerade dadurch, dass wir unser psychologisches Wissen bereichern, können wir auch andere deutlich schneller und besser erkennen und verstehen.

PSYCHOLOGIE
BINGO

STUFE	TIEFEN-PSYCHOLOGIE	SOZIAL-PSYCHOLOGIE	PERSÖNLICHKEITS-PSYCHOLOGIE	MOTIVATION	GRUNDKONZEPTE
1	Neurose	Stereotyp	Neurotizismus	Flow	Trieb
2	Abwehr-mechanismen	Attribution	Selbstbild-Fremdbild-Diskrepanz	Intrinsische Motivation	Affekt
3	Kollektives Unbewusstes	Verfügbarkeits-heuristik	Erbe-Umwelt-Kontroverse	Motivationale Kompetenz	Persönlichkeits-porträt
4	Archetyp	Kognitive Dissonanz	Fundamentaler Attributionsfehler	Erweitertes Kognitives Motivationsmodell	Bio-psycho-soziales Modell
5	Intrapsychische Triebdynamik	Modell der Elabo-Rationswahr-scheinlichkeit	Transsituative Konsistenz	Autotelisch-eudaimonistische Motivation	Multitrait-Multimethod-Ansatz

Abschlusstest

BIST DU BEREIT FÜR DEIN KLO-PSYCHOLOGIE-ZERTIFIKAT?

Hallo, liebe Studentinnen und Studenten. Ihr habt alle 100 Sitzungen absolviert. Herzlichen Glückwunsch zu eurem Interesse und Durchhaltevermögen. Wir haben analysiert, gestaunt, gelacht, uns gewundert und viel dazu beigetragen, dass ihr jetzt euch selbst und andere deutlich besser versteht. Ob das aber wirklich so ist, wird erst unser Abschlusstest zeigen!

Für jede korrekte Antwort bekommst du einen Punkt. Von den insgesamt 30 Fragen musst du mindestens die Hälfte korrekt beantworten, um den offiziellen Titel eines (Klo-) Psychologen verliehen zu bekommen. Gelingt dir das, so gehört die Urkunde am Ende des Buches dir. Füll sie aus, rahm sie ein und häng sie in deinem WC auf. Anschließend kannst du bei jedem Stuhlgang doppelt stolz auf dich sein. Solltest du allerdings scheitern, so ist das in der Tat scheiße, und du solltest noch mal von vorn anfangen.

Viel Erfolg!

1. Was gehört nicht zum psychischen Instanzenmodell nach Freud?

A Es
B Ich
C Er
D Über-Ich

2. Wo und wann ist die Psychologie als eigenständige Wissenschaft entstanden?

A Jeden Tag in meinem Kopf
B Im Psychologischen Institut Wundts in Leipzig 1879
C Beim Weltkongress der Psychologie in Berlin 1900
D Na hier, mit Hippokrates, damals, als der seine Temperamentslehre geschaffen hat

3. Durch welches Gefühl muss nach Alfred Adler jeder junge Mensch in der Pubertät durch?

A Überlegenheit
B Minderwertigkeit
C Narzissmus
D Egozentrik

4. Was war bei Sigmund Freud ein Ausdruck seines partiellen Hängengebliebenseins in der oralen Phase?

A Zigarre rauchen
B Lutscher lutschen
C Hart saufen
D ******** ********

5. Welcher bekannte Psychologe hat sich von den Nazis vereinnahmen lassen?

A Sigmund Freud
B Alfred Adler
C Erik Erikson
D Carl Gustav Jung

6. Ist der Rorschachtest wissenschaftlich?

A Nein, weil das überhaupt nicht objektiv und zuverlässig ist
B Klar, die Persönlichkeitsprofile aus Klatschmagazinen gehen doch auch

C Na ja, so ein bisschen Spekulation ist es doch immer
D Wenn das Symbol eindeutig ist, auf jeden Fall

7. Welches dieser Motive ist keines der drei klassischen menschlichen Motive nach McClelland?
A Machtmotiv
B Anschlussmotiv
C Leistungsmotiv
D Sexualmotiv

8. Wenn eine Person durch eine besonders ängstliche Persönlichkeitsstruktur geprägt ist, so ist der psychologisch korrekte Begriff dafür?
A Schissbuchse
B Neurotizismus
C Neurasthenie
D Hysterie

9. Ist Introversion als Persönlichkeitseigenschaft ausschließlich negativ zu betrachten?
A Nein, denn Introvertierte haben oft Tiefgang und sind selten oberflächlich
B Klar, die sitzen doch meist zu Hause rum
C Natürlich, denn sie kriegen den Mund kaum auf in Gegenwart von anderen
D Nein, aber warum kann ich nicht sagen, ist so ein Gefühl

10. Ich sage Behaviorismus, und du sagst:
A Abraham Maslow
B Paul Watzlawick
C Burrhus Frederick Skinner
D Hans-Jürgen Eysenck

11. Wenn eine Person zielstrebig, diszipliniert, entschlossen, akkurat und fleißig ist, welche Persönlichkeitseigenschaft lässt sich ihr dann klar zuordnen?

A Verträglichkeit
B Gewissenhaftigkeit
C Konservatismus
D Emotionale Stabilität

12. Wie lässt sich das grundlegende Dilemma der Vor- und Nachteile von Offenheit und Konservatismus gut zusammenfassen?

A Vorsicht ist die Mutter der Porzellankiste, oder etwa nicht?
B Ich bin sogar offen dafür, konservativ zu sein
C Wer für wirklich alles offen ist, ist oft nicht ganz dicht
D Ist Dilemma nicht was aus der Philosophie?

13. Mit welchem Führungsstil nach Lewin habe ich langfristig den meisten Erfolg?

A Autoritärer Führungsstil
B Demokratischer Führungsstil
C Laissez-faire-Führungsstil
D Transaktionaler Führungsstil

14. Wie lange braucht es für gewöhnlich, bis wir einen allerersten Eindruck von Menschen haben?

A Drei Sekunden
B Drei Minuten
C Drei Tage
D Kommt ganz auf den Menschen an

15. Was kann im Erwachsenenalter dafür sorgen, dass wir noch mal einiges an Persönlichkeitsentwicklung machen?

A Nichts
B Alkohol
C Kritische Lebensereignisse
D Schwiegermutter

16. Dass ich vor allem die Informationen aufnehme, reflektiere und mir merke, die meine ursprüngliche Meinung stützen, nennt man in der Psychologie?

A Ich-habe-recht-Effekt
B Limitierte Meinungsflexibilität
C Subjektiver Persuasionskanal
D Bestätigungsfehler

17. Was ist eigentlich eine »Kognition«?

A Bestimmt irgendwas Unanständiges
B Gedanken, alle Arten davon
C Jemanden zu etwas zwingen
D Wenn man sich gegenseitig eine Spritze gibt

18. Welche Verhaltenskombination sollte in mir eigentlich eine kognitive Dissonanz auslösen?

A Wenn ich AfD wähle und einen Ausländer beschimpfe
B Wenn ich CDU wähle, weil ich will, dass alles so bleibt, wie es ist
C Wenn ich Grüne wähle und SUV fahre
D Wenn ich Linke wähle und mich für eine Vermögenssteuer einsetze

19. Wie nennt man den eher spielerischen Liebesstil innerhalb der 6 verschiedenen Liebesstile?

A Ludus
B Luder

C Mania
D Madonna

20. Wofür stehen die Buchstaben SOK im berühmten Modell der Entwicklungspsychologie?
A Selektive Optimierung und Kompensation
B Subjektiver Output und Klarheit
C Sichere Orientierung und Konzentration
D Situative Optionen und Kompetenzen

21. Was ist gemäß dem Stufenmodell von Erik Erikson die zentrale Entwicklungsaufgabe des Jugendalters?
A Bei Fortnite gegen die anderen siegen
B Urvertrauen gewinnen
C Eine eigene Identität entwickeln
D Sichere Bindungen aufbauen

22. Was gehört nicht zur dunklen Triade der Führung?
A Narzissmus
B Neurotizismus
C Machiavellismus
D Psychopathie

23. Welcher dieser Bindungsstile ist für das weitere Leben definitiv am unvorteilhaftesten?
A Sicher
B Ängstlich-ambivalent
C Ängstlich-vermeidend
D Desorganisiert

24. Was beschreibt die Eigenschaft des »Sensation Seeking« genau?
A Dass ich gerne Klatschblätter lese
B Dass ich gerne Journalist/in werden möchte

C Dass ich grundlegend nach starken Eindrücken suche und mich schnell langweile
D Dass ich drogensüchtig bin, nur ist das so netter formuliert

25. Was für eine Art von Machtmotiv können wir psychologisch sinnvollerweise Donald Trump zuordnen?
A Internalisiertes Machtmotiv
B Reflektiertes Machtmotiv
C Sozialisiertes Machtmotiv
D Personalisiertes Machtmotiv

26. Was beschreibt das sozialpsychologische Phänomen des »Groupthink« genau?
A In der Gruppe denkt es sich leichter
B Eine Gruppe, in der alle ähnlich denken, kann sich schnell radikalisieren
C Wir sollen an die Gruppe denken und nicht an uns
D Unser menschliches Denken lässt sich verschiedenen Gruppen zuordnen

27. Welches Störungsbild würden wir einer Person geben, die ständig im Mittelpunkt steht, ihre Klamotten ändert, bei der man das Gefühl hat, dass sie stets Rollen spielt, statt authentisch sie selbst zu sein?
A Narzisstische Persönlichkeitsstörung
B Borderline Persönlichkeitsstörung
C Histrionische Persönlichkeitsstörung
D Anankastische Persönlichkeitsstörung

28. Der Kater Garfield aus dem gleichnamigen Comic wird gern wie folgt beschrieben: Er ist ein fetter, fauler, oft sarkastischer Kater, der gerne frisst und schläft. Welches Temperament hat er dann wohl?

A Sanguinisches Temperament
B Cholerisches Temperament
C Melancholisches Temperament
D Phlegmatisches Temperament

29. Wie lässt sich zwischenmenschliche Anziehung, die empirisch am häufigsten vor dem Traualtar landet, am besten in einem Sprichwort beschreiben?

A Gleich und Gleich gesellt sich gern
B Gegensätze ziehen sich an
C Reibung erzeugt Wärme
D Niemand hat die Absicht, eine Mauer zu errichten

30. Was sollte ich gemäß dem Eisenhower-Tableau mit den Dingen machen, die weder wichtig noch dringend sind?

A Gar nix, einfach nicht bearbeiten
B Nur das Nötigste, Prinzip 20 % Aufwand, 80 % Ergebnis
C Delegieren, irgendein Dully wird sich schon finden
D Sofort abarbeiten, dann ist es weg

Antworten:

1C, 2B, 3B, 4A, 5D, 6A, 7D, 8B, 9A, 10C, 11B, 12C, 13B, 14A, 15C, 16D, 17B, 18C, 19A, 20A, 21C, 22B, 23D, 24C, 25D, 26B, 27C, 28D, 29A, 30A

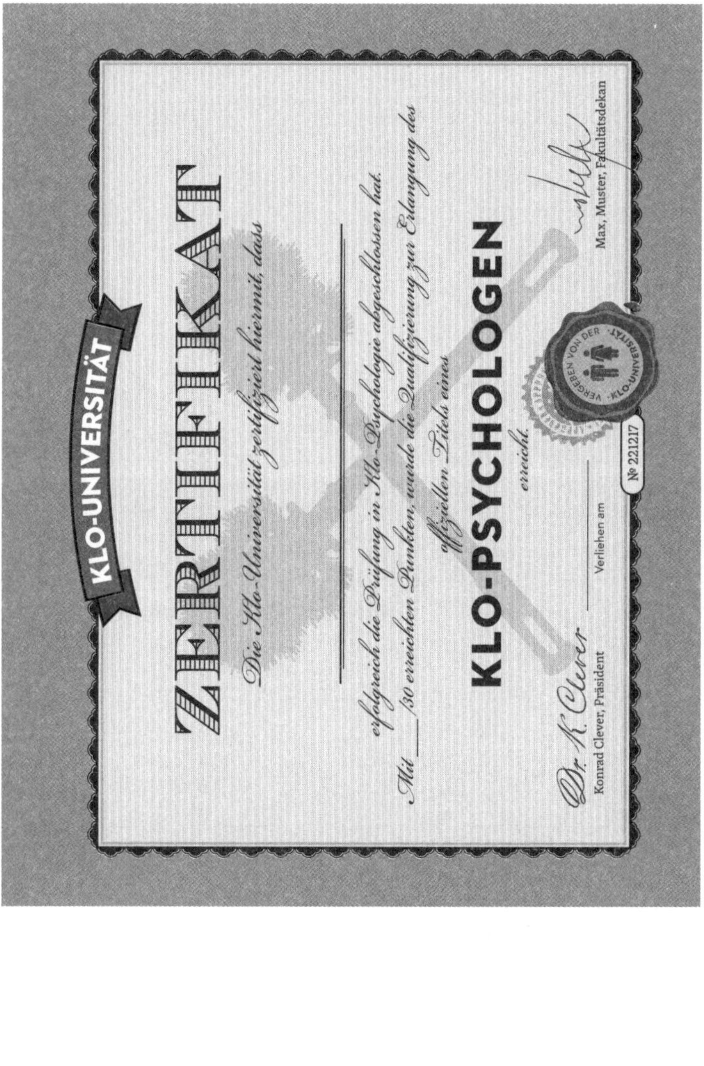
KLO-UNIVERSITÄT
ZERTIFIKAT
Die Klo-Universität zertifiziert hiermit, dass
erfolgreich die Prüfung in Klo-Psychologie abgeschlossen hat.
Mit ___/30 erreichten Punkten, wurde die Qualifizierung zur Erlangung des offiziellen Titels eines
KLO-PSYCHOLOGEN
erreicht.
Dr. K. Clever
Konrad Clever, Präsident
Verliehen am
№ 221217
VERGEBEN VON DER KLO-UNIVERSITÄT
Max, Muster, Fakultätsdekan